だいわ文庫

朝晩30分
好きなことで起業する

新井 一

大和書房

はじめに
――朝晩30分 働きながら起業する

■取り柄がない人ほど、起業に向く

はじめまして。〝起業のプロ〟という仕事をしています。はい、起業とは自分で仕事を興《おこ》すことです。自分でお金を稼ぐこと、会社をつくるのも起業。自らも起業して、起業のやり方を教えるということも仕事にしている、正真正銘「プロ」の起業家というわけです。

15年間、働きながら（つまり会社員をやりながら）起業していました。そして、これまで多くの起業家を育ててきました。

学生から主婦、ＯＬ、会社員、フリーター、引きこもりの方

まで。一見起業とは無縁と思える人たちを、起業に導いてきました。

「起業支援といいながら甘いことを言って金をふんだくってるセミナー講師か」と思ったかもしれませんが、そんなことはありません。中にはそういうところもあるのかもしれませんが、私は意外とスパルタです。私の下《もと》にやってくる起業志望の方の半分は「やっぱりやめます」といって、会社員生活に帰っていきます。

「お前、それでもプロか！」とよく言われるのですが、だからこそプロなのです。なぜそんなに自信があるのかについては本文を読んでいただくとして、起業は誰にでもできます。夢がある人なら誰でも可能です。希望がある人も起業できます。ついでに言うと、取り柄がない人でも大丈夫です。むしろ「私、取り柄がないんだけど」という人ほど起業に向いています。

私自身、人付き合いが苦手で社会に出るのが嫌で海外の高校に逃げるように転校。大学卒業までずっと海外で過ごしていました。

なるべく、できるかぎり、全力で、さまざまなことと関わりたくないという、絶望にも似た願望を抱き続けていました。

現実から逃げて、人間関係から逃げて、その結果たどりついたのが私にとっては「起業」だったのです。

大学卒業後に始まった社会人生活を「全然面白くない」と感じたのがことの始まりです。与えられた仕事が難しくてついていけない。強制される会社の一員としてのルールにもなじめない。数カ月後には「すぐにでも辞めたい」と思うようになったのですが、母親から泣いて止められてしまいました。

じゃあどうするか――。このまま会社に行くだけの人生では、毎日がつまらないままだ。思い悩んだ末に私は、会社勤めを続ける傍らにプライベートの時間を使って自分が本当に楽しめる好きなことを始めてみようと考えました。入社して半年が過ぎた頃のことです。

高校・大学と海外の学校に通い、そこから日本の企業に就職した私には、その頃、海外在住の日本人の友人たちからたくさんの相談が舞い込んでいました。海外にいながらどんなふうに就職活動をしたのか。今の日本の就職状況はどんな感じか、といった質問や相談です。

当時はまだインターネットが一般には広まっていなかったので、海外の細かい情報を知る手段はほとんどありませんでした。そこで自分の経験が役に立つならと海外就職事情に関する会報誌のようなものを手作りし、エアメールで送るというアナログなことを始めました。

スモールビジネスとは「これがお金になるの？」

そのうちに日本にもインターネット環境が整備され始めました。「ホームページというものを作れる」という情報を聞きつけて、エアメールで送っていたのと同じ内容の情報をホームページで発信することを思いつきました。
とはいえ、今のように簡単にホームページが作れるマニュアルもシステムもありません。日本よりもネット環境が進んでいたアメリカのマニュアルなどを参考にしながら、どうにか作り上げることに成功し、海外と日本をつなぐ情報の発信を始めました。

当初はこれがお金儲けになるという感覚はありません。

友人たち一人ひとりにエアメールを送るよりも手軽だ、くらいに思っていたに過ぎません。

ところが、ホームページへのアクセス数がどんどん増えていきます。問い合わせの連絡も多数入るようになり、それに伴って企業や英会話スクールからは「広告を載せたい」「帰国子女向けの就職フェアをやりたいから集客してほしい」などの相談が入るようになりました。広告費が入り始めます。月に数千円程度でしたが、初任給16万円の会社員にはそれでも十分に嬉しかったものです。

このことがきっかけで、好きなこと、楽しいことがビジネスになると発見することができました。そして、その後もいろいろなアイデアをビジネスに変えて、お金を儲ける仕組みを作り上げることに成功していったのです。

そんな会社員と副業の二足のわらじを15年間続けた後、２０１1年に退職して「起業のプロ」に。今ではこれまでの自分の経験を最大限生かして起業コミュニティを立ち上げ、一人でできるスモールビジネスで成功するためのノウハウを教えることを仕事にしています。

起業と言うと、なんとなく「自分にはとうてい無理だ」と思い込んでしまう人が多いのですが、難しく考える必要は全くありません。

私自身がそうだったように**「好きなこと」、「強み」がビジネスになっていくものなのです。**

起業をするのに性格の向き不向きも特にありません。よく言われるような起業家スピリットも必要ありません。

多くの方は、起業家に対して事実と異なるイメージを持っています。「パワフルで朝から晩まで働いても疲れない」「いつでも明るくて人と交わるのが大好き」「とにかく前向きでやる気全開」……。そういう起業家が目立っているのでそんな印象があるのでしょうが、これらは決して起業に必要不可欠な要素ではありません。

かくいう私は「人と話すのが苦手で、なるべく人と付き合いたくない」性格ですが、会社員を続けながら朝晩30分ずつの時間で「好きなこと」でビジネスを展開し、事業を続けてきました。

「好きなこと」を持ってさえいれば、すべての人に起業のチャンスがあります。

あなたが今会社員なら、起業と会社をはかりにかける必要もありません。今、正規雇用であるか、そうでないかも無関係です。景気も感染症も関係ありません。今のあなたのまま、起業への第一歩を踏み出してください。

CONTENTS

STEP 1
「好きなこと」を見つけるだけで9割成功

STEP 2

好きなことを「強み」にする

CONTENTS

STEP 3

好きなことを「発信」する

STEP 4

好きなことで「起業」して「成功」させる

「好きなこと」を見つけるだけで9割成功

STEP 1

シンプルすぎる「起業の条件」

■「好きなこと」を見つけるだけで、起業できる

会社員をしながら、なぜ、わざわざ起業なんてするのか。

ただお金を稼ぐことだけであれば、わざわざ起業を選ぶ必要はありません。株式投資やFX、不動産投資という方法もあるし、そのリスクが怖いというのであれば空いた時間を使ってアルバイトやUber Eatsという手もある。

それでも起業になぜか心惹かれるとしたら、その裏にはどんな願望があるのでしょうか。

「つまらない毎日を楽しくしたい」
「人の役に立ちたい」
「自分が生きている意味を探したい」
「なんとなく、カッコイイ気もするし」

という人もいるかもしれません。

今のまま会社員を続けることがベストであるとは思えない。さまざまな不安もつきまとう。年金崩壊や老後2000万円必要といったショッキングな言葉も巷《ちまた》ではささやかれています。お金の不安だけではなく、生きがいとは、と考え込む日もあるでしょう。

私の主宰する起業サロン「起業18フォーラム」に来る方たちの多くは20代後半から40代前半の会社員です。そのうち6割が女性。男女を問わず、年齢を問わず、誰もがそれぞれの悩みを抱えています。

このままではいけない、でも**どうしたらいいかはわからない。**

夢はないけれど、ずっと現状が続くと思うと**うんざりする。**

給料だけでは将来が不安だから、とにかく**収入を増やしたい。**

10人いれば10通りの、100人いれば100通りの悩みや不安が存在します。

私が20代の頃は、働き方の選択肢の一つに「寿退社まで」という考え方がありました。結婚を機に会社を辞めていくことが、おめでたい祝うべきことだととらえられていた時代。好景気の頃であれば転職によってキャリアアップし、環境をよりよく変えていくという選択肢が今よりずっと輝いていました。

ところが、今のように経済が不安定で会社員としての年収が400万円を切ることもある時代には、結婚を機に会社を辞めることは金銭的に困難で、また、転職によって現状よりステップアップできる可能性も非常に低くなったと言わざるを得ません。毎日がつまらないからといって、旅行や買い物など好きなことにたっぷりお金を使うほどの余裕はないという人も多いことでしょう。

各人が抱えている悩みや焦り、不安のすべてを「起業」がたちどころに解決するわけではありません。

が、「起業」こそが少なくとも今を打ち破るための特効薬になりうると私は考えています。現状を変えるための選択肢の一つとして起業があると考えてください。

ただし、それには一つ条件があります。

それは「好きなこと」で起業するということです。

儲かるからという理由でもなく、楽だからという理由でもなく、ましてやカッコイイからという理由でもなく、ただシンプルに「好きであること」。それを起業のスタートにしっかりと据えることが絶対に必要です。

とはいえ「好きなこと」と「起業」がすぐに結びつかないという方も多いでしょう。本書では最初に起業のためのSTEP1として「好きなこと」を見つけるためのヒントや考え方をご紹介します。会社員を続けながら、すぐにでも準備を始めましょう。この段階では**出勤前の30分、帰宅後の30分。**それと休日のうちの1日があれば十分です。

まとめ

「好きなことで起業する」と決める

働きながら「好きなこと」を見つける——お金の問題

■会社員だからこそ、お金がある

会社員を続けながら起業準備をするのは時間的にも体力的にも不利だと考える人が多いのですが、そんなことはありません。

それどころか、**会社員でいることで有利**な点の方が実は多いくらいです。

たくさんある「会社員ならではのメリット」の中で、最も大きいものはお金に対する安心感です。

会社員は、たいていの場合、とにかく毎日会社から与えられる仕事をしていれば、毎月決まった額の収入があります。

毎日失敗続きで「仕事のできないやつだ」と上司に怒られてばかりだとしても給料日が来れば確実に口座にお金が振り込まれます。

年金などの社会保険料や税金の支払いの心配をする必要もありません。福利厚生にも恵まれています。1年後、2年後、5年後のだいたいの年収も予測できます。

これが会社員を辞めてフリーランスになると、どうなるか。

まず、安定したお金が入ってこなくなります。

ということは、家賃やローン、携帯電話の使用料や光熱費など毎月必ず発生する支払日の度に、銀行の預金残高を確認し、支払いの算段をしなければなりません。国民年金や国民健康保険料を自分で支払う必要もありますし、年に一回は確定申告。**手間や費用がかかります。**

また、受けた仕事にミスがあって取引先から「仕事のできないやつだ」と思われてしまったら**仕事を切られて収入源を失ってしまう**こともあります。次の年にいくら稼げるかが全く分からないのがフリーランスというものです。

起業につながる「好きなこと」を見つけるためには、ある程度の時間がかかります。

心の余裕や資金も必要です。

興味のある分野の本を買って読んでみたり、気になる場所に出かけてみたり、いろんなことを試しながら本物の「好きなこと」を見つけていく。そのためには、自分自身や家族が安心して暮らせるだけの収入とプラスαの余裕の資金が必要です。

そうは言っても、給料なんてたかが知れている。今は安月給だし、と思われるかもしれません。

そういうあなたは今いくらの給料をもらっているのでしょうか。たとえば25万円だとしましょう。その金額を個人が副業で稼ぐのは相当困難なことです。考えてみてください。

あなたが持っているものやスキルの中に、今すぐ誰かに25万円で買ってもらえそうなものはありますか?

それを毎月コンスタントに確実に売っていくことは可能でしょうか?

お金の不安は、とにかく人を弱気にさせます。起業する本人はよくても、周りや家族の心配が重荷になるということもあるでしょう。結婚している方が起業したいと言い出した時、多くの配偶者が「やめてほしい」と反対するのは、お金に対する不安のせいです。家族に反対されたからという理由で起業をあきらめてしまう人は案外多いものなのです。

そうならないためにも、まずは会社員のままで起業準備を始めてください。給料をもらいながら、起業のアイデアになる「好きなこと」を探していきましょう。漠然とした夢だけで会社を辞めてはいけません。そのせいで余計に夢がかなわなくなってしまいます。会社員というのは、実は起業準備を進めるにあたっては大変恵まれた環境なのです。

まとめ

起業には心の余裕とお金の余裕が必要

働きながら「好きなこと」を見つける
――時間の問題

■朝晩30分だけでいい

会社員のまま起業準備をする大きなメリットの一つに、時間があります。「そんなバカな！　毎日仕事が忙しくて時間がないのに」と嘆いている方は驚かれるかもしれませんが、起業のために必要な朝夕30分の時間を作り出せるのは、規則正しく生活している会社員だからこそです。

会社員は就業時間が決められています。決まった時間に出社し、その日の業務が終了して退社する時間までは会社に拘束されます。それが辛いという人も多いことでしょう。

ですが、**見方を変えれば就業時間以外は自由ということです。**
その中から毎日どのくらいの時間を起業準備のために使えるかを計算することができます。

休みも定期的にありますし、有給休暇もあります。テレワークなら移動時間もありません。お正月や夏季休暇、ゴールデンウィークなどの長期休暇もしっかりとることができます。法定労働時間の上限まで働いた場合でも年間105日の休暇があります。一般的な企業の平均は年間120日だとされています。さらに、今年だけでなく来年の予定もだいたい予測することができます。つまり、長期的な計画を立てやすいのです。

会社員を辞めて、起業してしまった場合はどうなるか。

私自身も経験がありますが、**独立した年は大晦日と元日の2日間しか休みをとることができませんでした。**

自分で自分のスケジュールが決められるのが起業のよさなのですが、いざそうなると「おちおち休んでなんかいられない！」という気持ちになってしまうのです。

自分の代わりに仕事をしてくれる人は誰もいないので、自分が動かないことにはいつまでもお客さんを待たせてしまうことになります。そんなもったいないこと、失礼なことはできません。つまり、休めない。休む気にならない。

休日出勤があるたびに「休みの日なのに仕事なんて」とイライラ怒っていた人が、会社を辞めて起業すると、一年365日中、いつも仕事のことが気にかかって「仕事があるのに休んでいいのかな」と思うようになります。

長期旅行はなかなか実行できません。来年のいつ頃が暇になるかという予想を立てることもできません。

ただしそれが**全く苦にはならないのが「好きなこと」から始める起業の面白いところです。**

確実に休日がある会社員。一日のうち仕事から完全に離れられる時間が持てる会社員。また、会社員は日々の自由な時間は少ないかもしれませんが、その代わりに「期間」のゆとりがあります。長い目で取り組めるというのが大きなメリットです。

せっかくの恵まれたこの身分を早まって手放してはいけません。

繰り返しますが、**起業準備は会社員を続けながら行うのが最も効率的で、ゴールへの近道となります。**

まずは今の生活の中から起業準備のために使う時間を作り出してください。

朝と晩それぞれ30分あれば十分です。

その時間を使って「好きなこと」を見つけます。

まとめ

起業したら365日、毎日が営業日になる

ダメな人ほど、起業に向いている

■できなかったことができるようになった、このギャップがコンテンツになる

起業で最も大切なことは「好きなことで起業する」に尽きます。この時の「好き」は、「大好き」である必要はありません。好きの幅は広くていい。

100点満点の好きじゃなくていい。20点もあれば十分です。

「まあまあ好き」でも「嫌い」なことをするよりはいいという考え方です。

好きなことのすべてが起業のアイデアに直接結びつくわけではありません。「いちばん好きなのは昼寝」だったとしても、自分が昼寝をするだけで起業というの

はよっぽどウルトラCのアイデアをひねり出さなければ無理です。

それよりも、**たくさんある「好きなこと」の中から起業できそうなものを見つけて、それをビジネスに育てていく**というのが私のオススメするやり方です。

起業セミナーに参加する人たちの中でも「起業はしたいけど、何をしたらいいのか分からない」と言う人が圧倒的大多数を占めます。残りは、現実的ではない大きな夢を描いている人です。

ある女性は「スポーツジムを開きたい」と相談に来られました。アイデアの詳細を聞いた後に「それを全部やるには1億円くらいかかると思いますが、そのお金はありますか」と聞くと、「ありません」。「じゃあ借金しないと無理ですね」と返すと「借金はしたくない。でも、仲間のために必要だからどうしても開きたい」と粘ります。さらに詳しく話を聞いてみると、アスリートとして活躍している友達のグループがいて、活動資金がないために会社勤めをしながら練習している。そのため練習時間が少なくて悩んでいるから助けてあげたいということでした。同じような悩みを抱えるアスリートを自分が経営するスポーツジムで雇えば、練習もたっぷりできる。そういう想いにかられての相談だったのです。

とても優しい心の持ち主ですが、いきなりスポーツジムというのは起業アイデアとしては短絡的過ぎます。今の時点では必要な資金がないわけですから、いきなりそこを目指すのではなくもっと足元から細かく計画を立てていく必要があります。

3年後にスポーツジムの経営がしたい。じゃあ、2年後にはどうなっている必要があるのか。1年後は、半年後は、来月は…そんなふうに小さく分割してやるべきことを考えるようにアドバイスします。そうすると、かなりの割合で「もういいです」とあきらめてしまう人が出ます。

簡単に始められて、簡単に撤退できるビジネスを探す

これまでにビジネスを立ち上げた経験がない人は、**起業というとモノを売るか、ハコ（場所）を持つかしか考えつかないことが多い**のですが、会社員のまま起業をするためには、簡単に始められて、かつ簡単に撤退できるということが大切な条件となります。それが大けがをしない秘訣です。

モノには在庫というリスクがあり、ハコには固定費というリスクがありますから、ビジネスビギナーにはあまりオススメできません。

では、何を売るのがいちばんいいのか。

それは、ノウハウです。

これが一番安全でしかも簡単に始められます。すべての人が売り物になるノウハウを実は持っています。本人がそれを売りたいと思うかどうかは別として、誰もが必ず何かしらのノウハウを持っているのです。

自分の持つノウハウを見つけ出すやり方は、簡単です。

今の自分と何年か前の自分を比べて、「以前はできなかったけれど今はできるようになったこと」を捜します。

そのギャップがあなた自身が身に付けたノウハウです。

その内容を第三者に伝えられるように言語化することができれば、それは商品としての価値を持ちます。短い期間で大きな変化があれば、より価値は高くなります。そのノウハウに再現性があることが提示できれば必ずニーズはあります。

このギャップを売り物にして起業に成功したEさんの例をご紹介しておきましょう。

Eさんは現役の電気工事士で、第二種電気工事士という資格を持っています。Eさんはこの資格試験に合格するまでの自分の勉強方法や試験のコツ、過去問の解説などをネットで公開してホームページに多くの受験者を集客しています。

そしてその集客した人たちに、二次試験で必要となる工具を販売しているのです。このように特殊な専門職の方でもニーズさえ掘り起こせれば、それが起業のアイデアとなってビジネスにつながります。

もっと分かりやすい例では、ダイエット本などはまさにギャップを利用したノウハウの提供です。

「3カ月で12キロの減量」に成功した人は、その3カ月間のダイエット法を売ることができます。

ダイエットノウハウの市場は、これまでにも多くのビッグヒットを飛ばしています。

まとめ　自分の欠点・短所・コンプレックスがお宝になる

半径1m以内のスモールビジネスから始める

子どもの頃から好きだったキャンプがビジネスに

起業セミナーに来る人の中には「会社員がイヤなので起業したい」という方も多いのですが、「何をやるかというアイデアは一切ないし、できることが見つかるとも思えないんだけど」と最初から腰が引けています。

そんな場合も、なにか「好きなこと」があって、「強み」がありさえすれば、もちろん起業は可能です。

誰にでも「好きなこと」と「強み」はあります。

多くの起業家を世に送り出してきた経験から、私はそのことを確信しています。

夢がいっぱい、アイデアも豊富ですという人の方が、実はうまくスタートできないということも多いのです。いろんなバラバラのアイデアが散らかっているだけでは、どれからも芽が出ません。起業のためには一つに絞り込んで、そのアイデアの種を大切に育てていくことが重要です。

起業アイデアはあなたの半径1m以内のところに、必ずあります。

むしろ、難しいことやこれまで興味のなかったこと、知らなかったことに、チャレンジしてはいけません。

以前、このような相談を受けたことがあります。

「関東で東京ドームよりもっと広い敷地を買って、ディズニーみたいなレジャーランドを作りたい」と。夢を持つのは素晴らしいことですが、起業と夢はイコールではありません。その方も「その敷地をどうやって買うつもりですか？」と聞いたら「それを先生に聞きに来た」と。まずはスモールビジネスから始めましょうと、そのためのセミナーのご案内をしたら「そんなお金はない」と帰ってしまいました。

最初の段階ではあまり遠くを眺める必要はありません。それよりも、足元をしっかり見つめてください。過去からつながる今、その足元に起業のアイデアが必ず転がっています。

身近な「好きなこと」から始めて起業に成功した私の友人の例をご紹介します。彼は、子どもの頃からアトピー疾患を持っていて、週末や長期休暇には自然の中で過ごすことを習慣としてきました。大人になってからも、とにかくキャンプが大好き。会社員として普段は働きながら、休みになるとテントをかついでキャンプに出かけるのが趣味です。ただし、趣味は趣味、起業はビジネス。起業を考え始めた時には、キャンプに行くことがビジネスになるとはとても思えなかったようです。

その頃、彼はキャンプの楽しさをいろいろな人に広めたくて、人を集めてはキャンプに出かけていました。

そんなある日、ふと気づいたのです。

「キャンプの夜に、たき火をしてそれを囲んだ時って、みんな素直にいろんな話をするものだな。普段聞けない話も飛び出てくるし、聞いている人たちも感動しているようだ」。

それがきっかけとなり「キャンプの夜に火を囲んで人生について語り合う場」という商品を彼は思いつきます。自己啓発系のイベントの一つですが、キャンプと夜とたき火という要素にオリジナリティがありました。

最初は、集客のために友人知人の一人ひとりにメールで告知をしたそうです。何度かはキャンプ場ではなく貸し会議室で告知のためのイベントも行いました。そうこうしているうちに口コミで人が集まっていきます。一度参加した人のリピート率も次第に高まり、今では大人気のイベントとなりました。年間チケットは企業研修にも利用されているそうで、多くの固定客をつかむことにも成功しています。

その後も「キャンプ・夜・たき火を囲んで」という要素はそのままに新しいアイデアを加えた企画を次々に打ち出しています。女性限定の日、美味しいイタリアンやワインなどグルメの要素を加えた企画などは大人気ですぐに予約が埋まってしまうといいます。

今では勤めていた会社を退職し、イベントの運営はスタッフに任せて、自分自身は新しいビジネスをしながら好きな時だけキャンプに参加するという生活を楽しんでいます。たった数年で「キャンプが好きだからいつでも好きな時に自由にキャンプに行けるようになりたい」という夢をかなえたのです。

「いくら好きなこととはいえ、こんなことで起業できるのだろうか」。そう不安になった時には、このキャンプの事例を思い出してください。

まとめ

どんなことでもビジネスになると120%信じる

起業に必要なのは「好き嫌い」

■資格を取ってもビジネスはできない

「起業できるような好きなことなんて、何もない」と決めつけてしまっている人がいます。

起業は難しい、優秀な人にしかできないことだ。だから自分には無理だと思い込んでいるので、「どうしたら起業できるのか?」と考えてみることさえしようとしません。

会社員は、好き嫌いに関係なく、言われた業務をやるというのが当たり前の習慣になっています。そもそも会社での仕事について、好きだとか嫌いだとか考えたことなど一度もないという人がほとんどのはずです。

会社でやるのは、与えられた仕事。
好きなことは、仕事以外の時間にやるもの。

そんな思考回路がいつのまにか出来上がっています。自分の時間や労力を犠牲にして、その代償としてお金をもらうのが仕事、もらったお金で楽しむのが好きなこと。そう区分けしているから「起業」と「好きなこと」がうまく結び付きません。

その思考回路のまま起業準備をスタートすると、間違った行動をとってしまいます。典型的なものは次の4つのパターンです。

間違いパターン1▼「資格を取れば起業できる」

お金にならない資格を、ただ人気資格だからという理由で取ろうとします。そして、いざその資格を取れたとしても、その資格でできる仕事が本当に「好きなこと」で「楽しい」と思えるものなのかというところまで考えていません。**せっかく起業ができても「辛い」「面白くない」という結果**になりがちです。

資格というのは「足の裏についたご飯粒のようなもの」という言葉があります。「取るまでは気になって仕方ないけど、取っても食べられない」という意味です。資格さえ取れば起業ができるという思い込みは捨てましょう。

間違いパターン2▼「すぐに始められる代理店ビジネスにとびつく」

代理店ビジネスでよくあるのは少し前までなら保険の代理店、最近はフランチャイズもどんどん増えているように感じます。それ以外にも扱う品物はさまざまですが、Aという会社（人）から預かった商品を売って、手数料を取るというビジネススタイルです。

代理店ビジネスを否定するわけではありません。扱っている商材が本当に自分の好きなもので、それを売ることが楽しいというのならそれも起業の一つの方法です。

ですが、ただ**手っ取り早く始められる**からという理由の場合は、いつか面白くなくなります。

楽しくないなら、会社員の仕事と同じです。二足のわらじをはく意味が全くないということになってしまいます。

間違いパターン3▼「先に始めている人の仲間に入れてもらう」

海外開発投資やネットワークビジネスなどがこの典型的な例です。

これは、**避けてください。**

誰かが自分たちが儲けるために始めたビジネスへの途中参加は、一見儲け話の形をしていても、実際には後発者の入り込む余地はほとんどありません。

さんざん利用されて食いつくされて終わりです。

特にノルマがあるようなネットワークビジネスは、友達をなくしてしまうことにもつながりかねません。儲かりさえすればいいんだ、という考え方も否定はしませんが、そのためにやりたくないことをやるくらいなら、自分が好きで楽しいことを儲かるようにしていく方が断然気持ちいいはずです。

間違いパターン4▼「得意分野で起業する」

ある意味では正しい起業のきっかけではありますが、**得意なことが必ずしも好きなことではない**ということを認識しているかどうかが大切です。

たとえば、入社以来経理一筋で経理のエキスパートのEさん。会社がつまらなくて起業を考えた時、売り物は「経理のスキルしかない」と思い込んで、経理代行として起業します。

もちろん仕事はできるので、お客様からの評判も上々なのですが、ご本人は「経理の仕事がつまらなかったから起業したのに、結局また経理をやるはめになった」とおおいに嘆いています。

この失敗は、優秀な会社員ほど結構やりがちです。

実は、**会社員は、自分で決めることが苦手な人が多いです。**答えを誰かが決めてしまうことに慣れてしまっているからです。起業セミナーでも「私に何が向いていると思いますか?」と聞いてくる人がいますが、起業のアイデアは自分自身で決めなければなりません。起業するということは、自分で決める人生を選ぶということです。

人が決めたことをただやるだけなら、会社員のままでいればいいのですから。

まとめ
「自分で決める」覚悟を持つ

お金をちゃんと使える人になる

■「もらってから、使う」から「お金を使って人に頼む」へ

会社員でありながら起業をする最大のメリットが、仕事の出来不出来にかかわらず安定してお金が入ってくるということでした。ところがこのことは、受けとめ方次第ではマイナスの一面も持っています。

会社員のお金の使い方は、会社から支払われた給料の中から自分のしたいことにお金を使うという順番になります。

もらってから、使う。

ある範囲で使うので、どうしても小さい枠の中での計算になります。このよう

なお金の使い方になじんでいると、先行投資という感覚がなかなか身につきません。

セミナーの参加費などは、本来、自分の将来のために使う投資として優先されるべきなのですが、余剰資金であるお小遣いから払っているという方がほとんどです。

また、**会社員でいることに慣れてくると、「お金を払ったからにはそれに見合うだけの結果が欲しい」**。絶対に失敗したくない、損したくない。万が一無駄になるかもしれないことにはお金を使いたくないと考えがちです。

これと似たような、面白い話を聞きました。

最近の大学生の中には、**授業で先生が説明するたびに「今の話は試験に出ますか」と聞いてくる人がいるのだそうです。**

学問というのは試験に出るから勉強する、出ないから勉強しないというものではないはずなのに、目先の試験だけを気にする学生が増えているようなのです。

ずいぶん視野が狭いと言わざるを得ません。

一方会社員の中には、お金のことはそんなにも大事にするのに、時間に対しては無頓着な人もいます。後から入った別の用事を優先させてリスケジュールしようが、日中のビジネスタイムに無駄話をしようが気にする様子がありません。このような態度は、起業した後には大きなマイナスになることがあるので注意が必要です。

会社員のまま起業準備をすることはオススメなのですが、準備を始めたからには心と頭の起業スイッチを自らで入れる必要があります。

立場は会社員のままでも、起業家として考え、行動することが求められます。

最も気をつけたいのは、お金に対する考え方です。起業準備を始めた会社員の中には、「知らないことを全部マスターしよう」と張り切って自らが勉強することにお金を使おうとする人がいるのですが、そうではなくて、他人の時間とスキルの活用にこそお金を使うという感覚を身につける必要があります。
なんでも自分でできるようになろうとするのではなく、自分の代わりに働いてくれる人を見つけてお金を支払う。そういう発想を持つことが必要です。

まとめ

損得勘定だけではビジネスはできない

メンターを見つける

会社員気質とオサラバする

また、会社にいるとどうしても「出る杭は打たれる」という文化になじんでしまいます。起業した後は、それではダメです。出ていかないと誰にも見つけてもらえません。「どうしても世間に顔を出したくない」と言って、いつまでも下請けに甘んじている人もいますが、下請けのままだといつ切られてしまうか分かりません。突然取引が終わってしまうこともあります。やはり自分自身が外に出て勝負をするという気構えは持っておくべきです。

会社員気質とオサラバする方法は、**会社の外にメンターと呼ぶべき尊敬できる、目標とする人物を見つけること**です。

これは一人じゃなくて複数、何人でも見つけてください。

見つけた後は、その人の「いいな」と思う部分を徹底的に真似しましょう。

その人の背中にあるチャックを開けて、自分が中に入ったくらいの気持ちでなりきります。服装、しゃべり方、しぐさなど、それぞれの好きな部分だけを取り出して真似するというのもオススメです。とにかく徹底して真似してください。

そうすることによって、自分がその人のどういうところが好きかが分かります。自分がその人のどんな部分に憧れて、そうなりたいと思っているのかというポイントが明確になります。それがあなたの目指す将来像のヒントになります。

まとめ

120%真似することで自分のものになる

会社で通用する強み、社会で通用する強み

コミュニケーション能力は注意が必要

会社組織の中での自分の役割を自分の強みだと思い込んで、それで起業しようと考える人がいます。

たとえば、会社で技術部門と営業部門の間に入って、互いのコミュニケーションが円滑にとれるようなポジションで活躍している人が、その能力で起業したいというような場合です。

問題なのは、**その能力は社外でも通じるのか?**

ということです。もっと言えば、他の関係性の中でも有効なのか？　ということも気になります。

結論から言えば、この場合は今の仕事のままではその能力での起業は難しいと思います。他の環境での再現性が期待できないからです。じゃあ、立場の違う人同士を結びつけるコミュニケーション能力を教えるという仕事ならどうか？　それなら、企業のお客様からのニーズもありそうですし売り物になります。

ですが、企業の研修講師になるのは会社員のままでは難しいです。会社員を続けながら、平日の就業時間中に別の会社で講師をするのは時間的にも立場的にも困難です。

同じような例で、社長秘書の方が「いつも優秀な秘書だとほめられるので、秘書能力で起業したい」と言ってくることがありました。この場合も当然ですが、今の会社で誰かの秘書を続けながら、別の会社の誰かの秘書をすることはできません。

この段階での起業アイデアの見つけ方として注意しておきたいのは**会社員のまま「副業として、できることかどうか」**。

自分が本業で働いている時間帯に、働かなければいけないビジネスは、除外しておく必要があります。一般的な会社員であれば夜や休日にできるような形にビジネスの提供の仕方を整えることが不可欠です。

まとめ **会社での仕事と同じことをビジネスにしない**

起業に向く「強み」の見つけ方

■一番簡単で、初期投資がいらないことを選ぶ

ひとくちに「好きなこと」といっても、好きの中にもいろいろなレベルがあります。この感覚には個人差があるので、自分自身で見極めていく必要があります。

ここで起業ビジネスの4つのカテゴリーを整理しておきましょう。ここから「好きなこと」や「強み」を見つけてみるというアプローチをまずは考えてみてください。

1　スペース・チャンス系（ハコや機会の提供）

カフェ、スポーツジム、貸し会議室、マッチングアプリ、インターネット広告、オンラインサロンなど

2　プロダクト系（モノの提供）

手作りのアクセサリーを売る、本を書いて売る、工具を仕入れて売るなど

3　スキル・サービス系（技術の提供）

ライター、カメラマン、ネイリスト、メイクアップなど

4　ノウハウ系（知識の提供）

セミナー講師、コンサルタント、カウンセラーなど

みんなでワイワイするのが好きな人は1のスペース・チャンス系のビジネス。

モノづくりが好きで自分で作ったモノを売りたい人や実家が農家で美味しい野菜を作っているからそれを売りたいなど、売るモノがある場合は2のプロダクト系ビジネス。

人に負けない技術を持っている人は3のスキル・サービス系ビジネス。

人に何かを教えることが好きな人は4のノウハウ系ビジネスが向いています。

この4つの中で**一番リスクが少なくてすぐにでも始められるのが、ノウハウ系**のビジネスです。

というのは、**4以外はすべて初期投資の額が大きくなるから**です。

1のスペース・チャンス系は、その場所を借りるため、オンラインなら機材を揃えるための資金が必要です。

2のプロダクト系は商品や材料の仕入れをするための費用が発生します。

3のスキル・サービス系は、1と2に比べると比較的初期費用はかからないものもありますが、仕事をするためにはそれなりの道具や設備などが必要になります。

ところが4のノウハウ系だけは、自分自身が身に付けたノウハウを売るものなのでコストはほとんどかかりません。

「好きなこと」と「強み」の見つけ方には別のアプローチもあります。

それは、将来どんなライフスタイルを送りたいのかというところから**逆算で考える方法**です。

南の島が大好きで、将来は沖縄やハワイに別荘を買って遊びたい。

そんな将来像を描いている人は、固定の場所で店舗を経営したり、常に現場にいなければならない職人になったりするのには向きません。どこにいてもパソコンさえあればできるような、場所や時間に影響されないビジネスを選ぶ方が夢を叶えやすいでしょう。

こんなふうにいろんな方向から「好きなこと」と「強み」を絞り込みます。「好きなこと」と同時にビジネスになりそう（＝お金がもらえそう）なものを探すわけですが、最初の段階ではその中でも一番簡単なものから始めることが大切です。

スモールビジネスこそ、「好きなこと」から始める起業の真髄です。

簡単なことでお金がもらえて、「ありがとう」と感謝される。まずは結果を出すことが大切です。

ビジネスのアイデアは、いつまでも同じものにしがみつく必要はありません。どんどん変えていっても大丈夫なので、最初は売りやすいものから売っていくということが肝心です。

どんなにシンプルな形のビジネスであったとしても、一つ成功することで成長できるので、その分次のハードルが下がります。いきなり最初から高いハードルに挑戦する必要はありませんし、それは無謀というものです。

「これを売ろう！」というものさえ見つかれば、起業（ビジネス）が動き出します。その「売り物」を見つけること、つくることが最初のステップでの目標です。ここに全力を尽くしてください。

会社員を続けているのですから、時間もお金もあせる必要はありません。

期間はたっぷりあります。朝晩の30分を使って、じっくりゆっくり考えてみましょう。

一刻も早く売り物を見つけようとあせりだすと、つい外部にアイデアを探してしまうのですが、その前に自分の内部と対話することが重要です。最初のベクトルは、外ではなく内に向けてください。自分はどんな人間で、何をやりたいと思っているのか？

改めて自分の内面を見つめるのは苦しいことですが、その結果見えてきた答えは決してあなたを裏切りません。

次の項からは、自分自身の中から「好きなこと」を掘り起こすためのやり方をご紹介していきます。

まとめ

今すぐ、手軽にできることからはじめる

自分を知るためには、自分を知っている人に聞く

家族、友人に聞くのが確実

自分自身の中から起業のアイデアとなる「好きなこと」を掘り起こすためには、親や家族、友人など身近な人と話すことがとても重要です。というのも、好むと好まざるとにかかわらず、実は誰もが周囲の人からの影響を大きく受けているからです。

今の自分がどんなルーツを持っているかを知ることはとても大切なことです。それを知ることで、自分に対する意識も変わります。

とはいえ、たとえばいざ親と話をするとなると、どんな話をすればいいのでし

ようか。

具体的には **「子ども時代」の思い出について話してみてください。**

そうすると、不思議なことが起こることがあります。

たとえばAさんは、大人になった今も小学生時代の運動会の記憶がトラウマになっています。「リレー選手に選ばれてはりきって走っていたのに、転んでしまってみんなに抜かれてしまった。それを見ていたお父さんとお母さんがずいぶんがっかりした顔をしていた」ことが忘れられないそうです。

でも、その話を勇気を出して両親にしてみると、親の方はびっくり仰天。転んだことなどすっかり忘れていて、「あなたは足の速い子どもでいつもリレー選手に選ばれていて、とても自慢だった」というのです。

似たような例はたくさんあります。自分にとってはいつまでも忘れられない友達の言葉なのに、友達はそれを言ったことさえ全く覚えていない。自分はそれによってすごく傷ついていたのに、友達はすっかり忘れている。結局、同じ場面を共有していても、人によって大事にしていることに違いがあるということです。昔のことをいつまでもクヨクヨとひきずっているのはこちらだけで、周りの人はそんなことなどなかったくらいに思っていたりもします。

そういうことに気づくと、これまで**心の中に居座っていたイヤな記憶がふっと軽くなる瞬間**があります。

おもりが外れていくという感覚を得ることができるのです。

気球をイメージしてください。それが、あなたの心です。年を取るにつれて、人の心にはたくさんの辛い記憶やイヤな記憶が積み重なっていきます。親との誤解や確執、重すぎる期待などもおもりとなって、気球は高く上がることができません。それをひとつずつ外してくれるのは、親や兄弟など子ども時代の自分を知っている家族との会話なのです。

自分がどういう人間か分からないから自信が持てないという場合にも親子で話すことは効果的です。子ども時代の友達との会話も、同じような働きをもたらしてくれます。

■ビジネスと深くかかわる「自分自身の内面」

ビジネスにつながる「好きなこと」を見つけるためには、自分自身の内面から出てくる想いに気づくことが大切です。家族との昔話は、原点に帰るための大きなヒントになります。

次の項では、自分の内部をさらに掘り下げて「好きなこと」を見つけ出すためのワークをご紹介します。

ワーク1▼これまでに達成したこと

毎晩、寝る前の5分を使ってこれまでに達成したことを書きだしてみましょう。

これまでの人生を、「幼少期」「小学生時代」「中学・高校生時代」「大学生時代」

とその後10年ごとのステージに分けて、それぞれの期間に達成したことを書きだしてください。

たとえば知人の女性はこんなふうに書きました。

・幼少期　おゆうぎ会で主役をやった
・小学生時代　臨海学校で3キロの遠泳に成功した
・中学・高校生時代　受験に成功し、志望校に入学できた
・大学生時代　一人暮らしを始めた
・20代　結婚と出産
・30代　特になし
・40代　再就職して社会復帰

書いた後に感想をたずねると「**スラスラと書けた**ところと、**どんなに考えても思いつかなかった**ところがある」ということでした。そしてこう返されました。

「これにどんな意味があるんですか？」

実は、書きだした内容の一つひとつになにか大きな意味があるというわけではありません。

大切なのは、すぐ書けることとなかなか書けないことがあるということに**自分自身が気づく**ということなのです。

スラスラと書けることとスラスラと書けないことは、記憶の中で何が違っているのでしょうか？

すぐに思い出せて書けた出来事は、強い気持ちがセットになっている記憶です。その出来事があって、その時自分がどう感じたかを覚えているからこそいつまでも記憶に残るのです。

このことを示す非常に分かりやすい例として、３・11の東日本大震災のことがあります。２０１１年の3月11日の記憶は、あまりに大きな気持ちの動きがあったため、日本人の誰の胸からも消え去ることはありません。

誰にたずねても、その日の記憶をこと細かに話してくれます。

ところが、**昨年の3月11日はどんな日でしたか？　と聞いても、たいていの人は思い出すことができません。**

つまり、スラスラ書けた出来事には、何らかの強い気持ちが伴っているということです。それをひとつずつ確認します。達成したことというテーマだったので、感情は「嬉しかった」「誇らしかった」ということになるでしょう。でも、達成したことは他にもたくさんあるはずなのに、なぜその達成を自分は選んで書きだしたのかを考えてください。

共通していることが見えてくるはずです。たとえば「親が喜んでくれたから嬉しかった」「先生にほめられたから誇らしかった」「友達にすごいねって言われて自慢できた」というふうに、どんなシチュエーションの時に自分がすごく嬉しかったのかが明確になります。

この作業は、一気にやる必要はありません。**寝る前の5分くらいを使って考える**ことをしばらくの間、続けてみてください。寝る前だけじゃなく通勤電車の中などでもいいと思います。

繰り返し過去の達成について考えていると、ある時ふと「本当は自分はこういう人生が送りたいんだな」と思う瞬間がやってきます。

それをノートに書いておいてください。「好きなこと」を見つけるための大きな第一歩です。

中には混乱してしまう人も出てきます。あれこれ昔のことを思い出すうちに自分がいったいどんな人間かが分からなくなってしまうのです。「いったい何がやりたかったんだろう?」と辛くなる瞬間も、もしかしたらあるかもしれません。

ですが、**その混乱が自分の心に刺激を与えます。**内面を見つめ直すためにその刺激が役に立ってくれます。

今の自分を知るために、過去の自分を思い出す

次のワーク2は、もっと細かい項目になるのであまり考え込まずにトライして

みてください。

ワーク2▼自分の現在位置を知る

一度にすべてを考える必要はありません。朝晩の30分程度を使って、3カ月くらいかけるつもりで次の質問について考えてみてください。

・生まれ故郷からどんな影響を受けたか？
・「幼少期」「小学生時代」「中学・高校生時代」「大学生時代」とそれ以降10年ごとの

【A】
◎親・兄弟から受けた影響
◎大好きだったこと
◎ほめられたこと

◎いちばん嬉しかったこと
◎自分の願望
◎影響を受けた人
◎住んでいた場所・通っていた場所からの影響
◎経験した役割
◎熱中して取り組んだこと
◎友達の好きだったところ
◎学んだこと
◎憧れていたもの

【B】
◎心配していたこと
◎大きな失敗、できなかったこと
◎やりたくなかったこと・嫌いだったこと
◎嫌いな人

これらの質問の一つひとつに特別な意味があるわけではありません。過去を思い出すために心に刺激を与える質問になっています。なぜ過去をそんなにまでして思い出す必要があるのか？

それは、**現在位置を知るためです。**

現在というのは過去からつながってきたものです。言い換えれば過去の最先端なので、過去をたどれば今の位置がわかります。

どんなに立派な未来図を描いてゴールを設定しても、現在位置が分からないとたどり着くことはできません。

地図に目的地だけがマークされていても、今の自分の位置が分からない限りはどの方向に向かって進めばいいかさえ分からないのと同じことです。

「こういう人になりたい」と思っても、今の自分がどんな人なのか分からないと目指しようがないのです。「夢も目標もない」という人が多いのですが、その多くは実際には現在位置が分かっていない人たちなのです。

ワークの質問は、**書けないところは飛ばしてください。**思い出すまで考えようと頑張る必要はありません。思いついたことを書く。後になって思い出したら、また戻って書いてください。

人によっては辛い記憶が多くて、このワークが苦痛だという人もいると思います。その場合は決して無理はしないでください。どこが書けてどこが書けなかったかが分かればそれで十分です。

不思議なもので、実際に起業をした後にはほとんどの方が過去のトラウマを乗り越えていきます。おもりを外して身軽になって、次のステージへとポンと高く上がることができます。このワークはそのおもりの正体を知るために役立ちます。

行動するためにはおもりを外すことがどうしても必要です。**おもりというのは別の言葉で言うと心理的なブロックのこと**です。これは、どんな人も、それぞれ違うものを抱えています。

ワークの質問項目に答え終わったら、次はそれぞれの答えに対して「なぜ?」を考えてみましょう。そして、その「なぜ?」の答えとして共通点が多いところをマークアップしてください。それによってさまざまな感情や自分の嗜好性が見えてきます。

まず【A】の項目での共通点をマークアップしてください。どんなことが多く出てきているでしょうか。それらは、あなた自身が喜ばしいと感じることと密接に結びついています。これからの人生においても、そのような感情を得られる機会を大切にすればいいことが分かります。

嬉しいこと、楽しいことをどんなふうに起業に生かすのかを考えていきましょう。

一方【B】は、負の感情とつながっているはずです。これらは、できるだけ避けた方がいい要素です。

たとえば**嫌いな人とは起業する際には付き合ってはいけません。**

なぜ嫌いかという理由に注目してください。「お金にルーズだから」「約束を守らないから」という理由で嫌いだと思っているなら、そういう人を周りに置かないように注意した方がいいでしょう。

お客さんにもしないし、ビジネスパートナーにも選ばない。従業員として雇ってもいけません。

起業に当たっては自分自身の感情はとても重要です。嫌いな人に囲まれて嫌いなことを続けることはできないので、最初からそのような環境を選ばないようにしなければなりません。「嫌いなこと」を排除するということは、「好きなこと」を見つけるのと同じくらいビジネスの成功にとって重要な要素です。

こんなふうにワークによって自分自身の過去を整理することができると、自分自身の「好きなこと」と「嫌いなこと」が分かってきます。

ワークなんてしなくても自分の好きと嫌いくらい分かっていると思われるかもしれませんが、案外、それは**思い込みであったり外から与えられたも**

のであったりするものなのです。

起業をスタートする際には、自分自身の内面から出てくる「好きなこと」「嫌いなこと」とその理由を過去にさかのぼって確認することがとても大切です。

起業には、自己肯定感が必要です。過去の自分をまるごと受け止めたうえで未来について考えていきましょう。

まとめ

起業は金儲けではなく、自分の夢の実現という原点を見つめる

起業の世界では、完璧を目指さなくてもいい

■20点取れたら「前に進め！」

私の主宰する起業18フォーラムではよくこんな会話を交わしています。

メンバーさん「起業なんて私にはできません」
私「どうしてできないの？」
メンバーさん「やり方が分かりません」

この場合は、やり方を教えます。まずはここから始めましょう、という簡単なステップの紹介です。ところが数日後、「それでもできなかった」と言ってくる

のです。

私「どうしてできなかったの？」

メンバーさん「どうしてか分からないけど、でも、できないんです」

年齢や職業、性別にかかわらず、できる人とできない人に分かれます。

できない人というのは、自分が**「ここにいさえすれば安全」だと思っている場所（＝安全ゾーン）から出ようとしない人たち**です。

なぜ出ようとしないのか。その原因は、今ここにあるのではなく過去にあります。

過去に安全ゾーンから出ようとして大失敗したことがある、出ようとして叩かれたことがあるなど、さまざまな原因で潜在意識が「出ない方がいい！」と判断します。過去の失敗体験から自分を守ろうとするのは、生物として正常なことなのでそれを責めることはできません。

ただ、幸せな未来を目指して何らかの変化を起こそうと思うなら、**過去の呪縛から解放される必要があります。**

個人が会社員を続けながら起業する場合は、ゴールは「幸せ」であってほしいと思います。人生をよりよくするための起業であって欲しいのです。現状維持よりは、一歩でも前に向かって動く。他人と比べる必要はありません。自分のサイズ感の中で、幸せに感じられるポジションが必ず発見できるはずです。

起業はすべての人に可能です。すべての人が「好きなこと」を見つけてビジネスにすることができます。

ただ、なにもかもが整わなければ先に進めないという完璧主義の人には向きません。

起業の世界は20点取れたら「進め!」の世界です。

100点を取れるまで待っていたら、何も始まりません。行く先のずっと向こうまですべての霧が晴れるまで待っている必要はないのです。目の前が晴れてきたのなら、まずは進めるところまで進みましょう。

まとめ

安全ゾーンはないと思って、前へ前へ進む

STEP 2

好きなことを「強み」にする

どんなジャンルでもいいから スペシャリストになる

■世界一ではなく、商店街一を目指す

「好きなこと」を自分のオリジナリティとして強みと言えるまでに高めるためには、その分野について「私はスペシャリストだ」と名乗れるくらいの知識が必要です。

そのためには**同じジャンルの本を60冊読む**、と決めてください。

60冊の本を読むというのは実際には大変なことです。でも、その大変なことができるからこそ、自分の強みにできるのです。

誰もが億劫《おっくう》がってやろうとしないことにコツコツと真面目に取り組むことで、**そのジャンルを極めることができます。**頭一つ飛び抜けた存在になれます。

よくある間違いが、スペシャリストを目指すとなると、日本一、世界一と意気込むタイプ。よほどのことがない限り、絶望的に難しいでしょう。日本一からどんどん絞り込んでいくのです。東京一、千代田区一、というように。

千代田区だけでも数千の企業がひしめき合っています。ですからどんどんどんどん小さくしてくのです。丸の内、丸の内のさらに丸ビル。さらに丸ビルの4階、といったように。

最も分かりやすいのは、商店街で買い物をするのが好きなら、その商店街のすべてのお店に立ち寄って店主と話をします。

どんなものがどこで売られているのか、実際に購入して味や使い心地なども記録に残しましょう。3カ月かけてすべての店を回り終わった頃には、あなたはその商店街のスペシャリストを名乗ることができます。

ドーナツ屋だけを100軒まわって徹底比較するというのでもいいでしょう。

軒数でなくても、一つのお店の全メニューを食べて記録して評価するということでも実行できたら立派な強みとなります。他の人がまだやっていないことを見つけて、深掘りするのがポイントです。

どの場合も、途中で嫌になって止めたくなってしまうかもしれません。

単に「それほど好きではなかった」ということです。

強みにできるほどの「好きなこと」ではなかったということ。その場合は別の「好きなこと」を探してください。途中で「これは違うな」と思ったら、方向転換してもかまいません。苦しいことを無理して続ける必要は全くありません。

全国のラーメンを食べ歩いてはその評価を発表するということを続けて、いまではラーメン界のご意見番として名前が通った人、コンビニアイスが大好きでアイス評論家としてメディアに引っ張りだこの人、スーパーマーケットが好き過ぎて全国47都道府県のすべてのスーパーマーケットを制覇して本を出版した人……。

マニアックな領域でスペシャリストになった人たちはみなさん「好きなこと」がスタートです。

好きだから楽しい。楽しいから続ける。そうやって蓄積された経験や知識が「強み」となります。

まとめ

好きだからマニアックになれる。マニアックだからスペシャリストになれる

「好きなこと」だから努力しなくてもできる

■現実逃避と好きなことを勘違いしない

自分が好きなことくらい、自分が一番よく分かっている。ほとんどの方がそう思っているはずです。ですが、こんな勘違いはありませんか？

会社帰りに必ずスポーツジムに寄って、からだを動かしているSさん。「私は本当にからだを動かすのが好きなんだ」と思い込んでいますが、実は休日や長期休暇の間は一度もジムに行かない。

ということは、Sさんはジムで運動をするのが心から好きなのではなく、**単に仕事のストレスの解消をしているだけ**なのです。

もっと分かりやすい例は、誰もが経験があるはずです。

学生時代、試験前になると部屋の掃除がしたくなる。あるいは明日が試験という日になると急にケーキを焼きたくなる。決して部屋の掃除やケーキを焼くことが特別に好きなわけではなく、他の、もっとストレスがかかることからの逃げ場として掃除やお菓子作りがあるのです。

起業のために探したい「好きなこと」は、こういうストレスをリリースするための「好きなこと」ではありません。気がつけばいつでもそれがやりたくなる、そんな「好きなこと」を見つけることが必要です。

中には「好きなことを仕事にすると嫌いになってしまうのではないか」というふうに考える人がいます。

仕事にしたことで嫌いになってしまうような「好きなこと」は起業には向きません。

仕事にしようが何にしようが、とにかくずっと好きでいられるような対象を探すことが大切です。

起業に向く「好きなこと」がどんなものか、おぼろげにでも見えてきたでしょうか。

ゆっくりじっくり考えて、自分の心の中を掘り下げてみてください。考えたことや思いついたことはノートに記録しておくと、後できっと役に立ちます。

まとめ

答えは必ず自分の中にある

起業に必要なのは、過去を振り返ること

才能は未来ではなく、過去にしかない

これまでの人生で、人から「すごいね！」と言われたことを思い出してください。

そこにあなたの持っている才能が隠されています。

この時、スキルと才能を取り違えないように注意しましょう。スキルというのは、コツコツと努力によって積み上げてきたものです。一生懸命練習をしてパソコンでブラインドタッチができるようになった、熱心に勉強をして簿記の資格を取ったから経理ができる。これらはスキルです。

スキルは後天的に身につけたものなので、どんなに頑張っても平均点を超えられたらいいほうで、人より飛びぬけること、その状態を維持することはなかなかできません。

一方、**才能というのは努力と関係なく「簡単にできてしまう」こと**です。

たいして努力もしていないのに、さらさらっと描いた絵が「上手だね」と感心された、いきなり走ってみたらみんなから「速いね」とびっくりされて運動会ではいつも一番だった。

このような体験を思い出してください。努力しなくてもなぜか人よりうまくできてしまうこと。自分でもそれが面白くてたまらないもの。それこそがあなたの才能です。

才能を見いだしたら、言語化して自分自身に言い聞かせることが大切です。「私は○○が得意なんだ！　○△の才能があるんだ！」と何度でも言い聞かせましょう。

謙虚な性格の人はいい結果が出ても「たまたまラッキーだっただけで、自分の力ではない」と思いがちですが、それではいつまでも才能が開花しません。徹底的に自分自身に向かって「自分にはこういう才能があって、それに△△のスキルを組み合わせたら、それこそが強みなんだ」と認識させることが重要です。

才能という言葉にはなんとなく人を脅かすものがあって、**一部の優秀な人たちだけが持っているものだと思い込んでいる人が多い**のですが、決してそんなことはありません。

誰にでもなんらかの才能はあります。そしてその才能は、特別に素晴らしいものである必要はありません。誰もが持つ才能に、後天的に身に付けたスキルをかけ合わせると、ものすごく大きなパワーが生まれて「強み」になるのです。

日本一の強みを目指す必要はありません。

他者との違いが少しでもあれば、そのギャップにビジネスの

チャンスが見つけられます。

テニスの世界で、みんなが錦織圭選手のようになる必要はないということです。地域のテニススクールのレッスンコーチになるためには、限定された地域の中でそこそこ上手なプレーができれば十分です。

メロンパンを売りにしたいパン屋さんは、必ずしも東京一おいしいメロンパンを目指す必要はありません。「この町で一番おいしい！」でも、町の中だけで商売をするなら十分なアピールとなります。

自分の強みがどこでなら一番になれるか、誰に対してなら商品になるかを考えていくことが大切です。

自分のタイプをチェックする

ここで、簡単なテストをしてみましょう。自分の性格や考え方からビジネスでの適性分野を知るためのチェックテストです。

次の項目のあてはまるところにチェックを入れてください。

【A】
□リスクが大きくてもチャレンジしたい
□手堅い現状維持よりも斬新な刺激が好き
□面倒な仕事は他の人に振ることが多い
□ピンチの時も「自分なら大丈夫」と思える
□自分のことを人に話すことが、人の話を聞いてあげるよりも多い

【B】
□誰にも相談しないで自分一人で決めることができる
□あまり余計な口はきかず、感情を秘めている方だ
□学生時代のテストは一夜漬けでしのいできた
□新しいことにチャレンジするのが大好きだ
□規則や時間・場所に縛られるのは大嫌いだ

【C】

□社長になりたい！　自分の人生を生きたい！　自立心が強い方だ
□人が見ていないところでは結構、努力している
□同僚や部下を自分が損をしてでも守ったことがある
□夢中で一つのことをやり続けることが多い
□自主性が強く、常に意見を言う方だ

【D】

□いつでも自分中心・自分のペースで進みたい
□プライベートは大勢でいるより一人で静かな場所にいることが好き
□毎日コツコツ飽きずに続けられる
□細かく物事を分析して、理屈で理解することが好き
□大勢でいると居場所がなくなることがある

（A）から（D）のうち、どのカテゴリーについたチェック数が一番多かったで

しょうか？　それによって、次のような診断結果となります。

【A】についたチェックが多かった人は「孤高の起業家タイプ」。
向いている起業（ビジネス）は、モノづくり系、不動産大家・民泊、代行（職人的作業系）、講座・スクールの運営、飲食店オーナーなどです。

【B】についたチェックが多かった人は「一発勝負起業家タイプ」。
向いている起業（ビジネス）は、開発（アプリ・アイデア系）、ブランド・オーナー、著述業、WEBサービス、FX・海外不動産投資や株式投資などです。

【C】についたチェックが多かった人は「スマート起業家タイプ」。
向いている起業（ビジネス）は、販売（実店舗・フリマ）、講師・インストラクター・司会、カウンセラー・コンサルタント・スタイリスト、サークルや協会の運営、マッチング・交流会の運営などです。

【D】についたチェックが多かった人は「現場職人起業家タイプ」。

向いている起業（ビジネス）は、アフィリエイト、転売（eBay・ヤフオク・メルカリ・Amazon）、受託開発・修理、制作（製作）・製造販売、ライター、カメラマンなどです。

見つけた「才能」にスキルをかけあわせることで出来上がった強み、さらに性格から判断される向き不向きによってどんどんビジネスのアイデアが絞られていくはずです。

これならいけそうだと思うものが出てきたら、どういう商品になりうるかを考えます。その商品アイデアを、人が買いたいと思うような魅力的なものに育てていきます。

まとめ

自分自身を知り、傾向と対策を考える

小さな世界で一番になる!

■ビジネスゾーンに一点集中する

起業のアイデアが見つかって、自分が何を商品にして売っていくのかを決定したら、今度はそれを「参入障壁」ができるくらいまでに高めます。

他の人が新規参入してこないようなポジションを自らが作ってしまうということです。

私の場合は、会社員のまま起業して15年を過ごした実体験が、他の起業コンサルタントとの大きな違いとなっています。ライバルとなるような同じ経験を持つ人が他にいないので、追いつかれて追い抜かれる心配はありません。

このような参入障壁を、自分で定義してしまいましょう。
他者の評価による「一番」ではなくて、自分の定義で「○○においては私が一番」というポジションを作ります。

どこで一番になりたいのかを考えることがそのヒントとなります。

顧客数ナンバーワンなのか、取扱商品の数を誇りたいのか、あるいは売上高で業界トップを狙うのか。

あるいは他には無いオンリーワンのサービスなのか。自分が一番をとれるような形に条件を絞り込んでいきます。

この時に大切なのは、その商品やポジションがお客さまに求められているものかどうかということです。自分が好き、自分が楽しいというだけではビジネスとしては成立しません。

102ページの図1の中の3つの輪が重なったところが理想的な商品ですが、これはめったに見つかりません。ここを目指す必要はありません。100点満点はいらない。

確実に点が取れるところ、「好きなこと」と「求められていること」が重なったところに注目してください。

お金にならない自己満足ゾーン

「好きなこと」と「強み」だけが重なって、「求められていること」がないのは「自己満足」ゾーンです。

自分が楽しい・嬉しいだけではビジネスにはなりません。

このゾーンの人は、自分の好きをお金に変えるという意識が嫌い（苦手）なので、原価よりも安く売ってしまったりサービスばかりしてあげたりで全く儲かりません。

図1

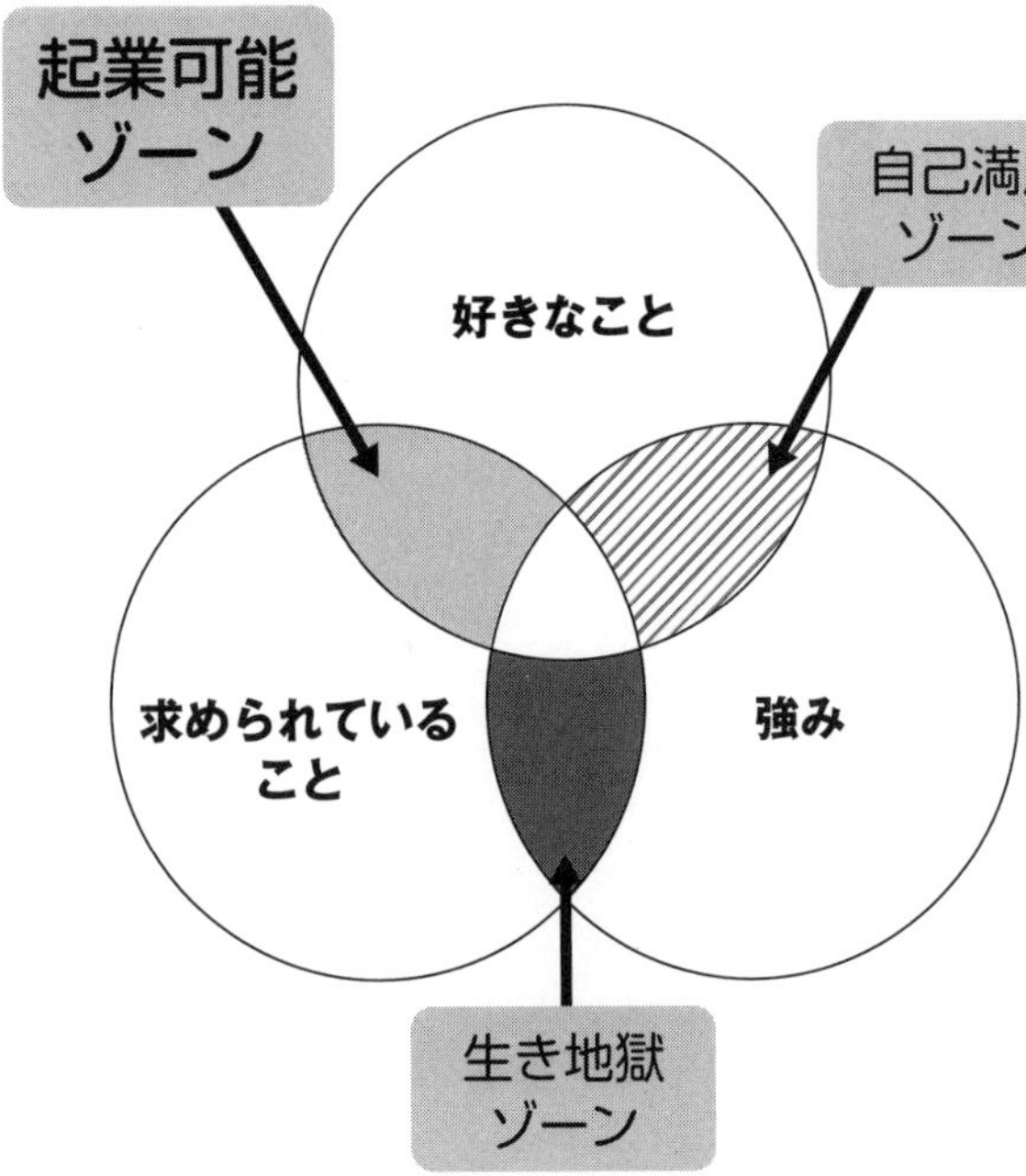
起業可能
ゾーン
自己満足
ゾーン
好きなこと
求められている
こと
強み
生き地獄
ゾーン

「楽しかったから、ま、いいや」が口癖のような人たちです。これはビジネスではありません。

会社員時代とかわらない生き地獄ゾーン

また、「求められていること」と「強み」だけが重なって、「好きなこと」がないのを私は「生き地獄」ゾーンと呼んでいます。

経理が嫌いで会社を辞めたのに、経理スキルを売り物にして起業してしまうというパターン。ここで商品を見つけるなら、起業する意味はありません。

好き×求められていることが起業可能なゾーン

幸せな起業を目指すなら、「好きなこと」は常に必要な、最も大切な要素です。

つまり、必要なのは「好きなこと」と「求められていること」が重なること。

そこに「強み」が重なったらそれはラッキー！　ということです。「好きなこと」と「求められていること」の重なりというのは、単純な例で言えば、こういうことです。

お酒を飲むのが大好きで、毎日のように飲んでいて知識もかなり持っているAさんとBさんがいたとします。

Aさんのツイート

今週も毎晩お酒を飲んだ。日本酒もワインも美味しかったなぁ。お酒に財産を注ぐほど飲んでるんだから、お酒には詳しいよ。○○は美味しいね。△△はいまいちかなぁ。何でも聞いてよ！

Aさんがどんなにお酒への思いを語っても、評価を話してくれても、これは商品にはなりません。というのは、人がどんな情報を求めているのかという「需要」

に対する配慮が全く感じられないからです。自分がどれくらい飲んだ、どれが美味しいと思う、というのは、親しい人との間でならともかくお客様にとっては全く不要な情報です。

一方Bさんは、同じようにお酒好きなのですが「需要」への配慮があります。

Bさんのツイート

○○というお酒は、非常にスッキリしているのでお刺身などと合わせるのがオススメです。

△△は、はなやかな香りで味もしっかりしているので繊細な味付けの料理よりは、しっかり味のついた煮物などに合わせるといいでしょう。

このようにある特定の人が求めている情報が発信できて初めて、その情報は商品となります。また、この目線で切り取っていけば、自分が一番になれる領域を見つけ出すこともできます。

たとえば「コンビニのお惣菜とマッチするお酒」「スナック菓子と合わせるワイン」といった切り口なら、利き酒師やソムリエの資格を持っていなくても十分にその小さな世界で一番をとることができるはずです。

どの領域で一番になるかを決めたら、達成までの期間も明確にしておきましょう。ビジネスには区切りが必要です。といってもあせる必要はありません。私はこの段階では6カ月くらいかけることをオススメしています。それくらいの時間をかけてじっくり勉強や研究をしていきましょう。

まとめ

何で一番になるか決めるには、起業ゾーンを見極める

コンプレックスが一発逆転になる理由

自分の弱みこそがビジネスになる

ここまでは自分の強みを活かした商品づくりについてお話ししてきましたが、実は、弱みを活かすビジネスというのもたくさんあります。

得意なことだけが商品になるのではなく、**できないことや苦手なことが商品になる**可能性も十分にあります。

たとえば、ずっと太っていた人（ダイエットできなかった人）がついにダイエットに成功したら、そのノウハウはビジネスになります。英語が全くできない人が、ほんの少しでも話せるようになれたらその勉強方法は全くできない人たちにとっては商品になるというわけです。

起業セミナーの参加者でこんな例がありました。

外資系の金融会社に勤める金融コンサルタントの男性で、起業のアイデアを探していました。得意なのはもちろん金融系の分野なのですが、それを続けるなら会社員のままでいいわけです。起業するなら、自分がもっと楽しくなれることをしたいという願いを持っていました。

この方はカラオケが大好きで、しかも歌うのは昔の洋楽のみ。誰とカラオケに行ってもずっと英語で歌いあげるので、だんだん一緒に行ってくれる人がいなくなっていきました。最近は一人カラオケというのも人気ですが、この方は、誰かに聞いて欲しいし、自分も人が歌うのを聞きたい。できれば一緒に英語の曲を歌いたいのです。

そこで**企画したのが「英語縛りカラオケ大会」**です。
自分と同じような人もきっといるに違いないとサークルを立ち上げて、みんなが心おきなく洋楽を歌える場所をつくりました。

結局、そこがスタートとなりサークルのメンバーで親父バンドをつくってライブをするなど、さまざまなイベントを会社員を続けながら企画して、それをビジネスにしています。

「誰も一緒にカラオケに行ってくれない」という弱みからビジネスを生み出した好例です。

他にも、営業職なのに人前で話すのが苦手で、「しゃべらないですむように」と工夫したパワーポイントの資料が大変好評で、営業資料づくりのコンサルタントになったという人もいます。

ユニークな例では、「ぽっちゃり女性が彼氏をつくる方法」コンサルタントという人もいます。ぽっちゃりしていても素敵な彼氏を見つけた女性が自分の成功体験を教えるというこのビジネス、大変盛況のようです。

私自身も弱みをビジネスに活かしています。非常に人見知りで、人と話すのが苦手。セミナーのような場で大勢の方に向かって一方的に話すのはなんとかなりますが、一対一で話すシチュエーションは冷や汗をかいてしまうくらい苦手意識があります。ですから、集客はインターネットを介して行っています。交流会などに出ていって、初対面の方と話をして勧誘することなんて絶対にできない、やりたくないからです。

その弱みがあるおかげでインターネットでの集客術についてはずいぶん研究もして、成果をあげてきました。この集客術も、現在は私の商品の一つとなっています。

ただ、こんなふうに「弱み」もビジネス上の「強み」に変えられるという話をするとたまに勘違いする人が出てきます。自分に都合のよいように「この弱みが私の強み」と思い込んでしまうのです。

「なんにも知らないんです。それが私の強みです」――そんなことを言われたら、その人から商品を買おうとは誰も思いません。

弱みを克服する、回避する、他の強みで補うことができてはじめて、その弱みは強みとなるということです。

まとめ

できない自分とできるようになった自分のギャップを売る

会社のお金でスキルアップしていると感謝する

資料作成、営業トーク、パソコン術を全部ただで教えてもらっている

会社員のまま起業準備をするメリットのひとつに、**お金をもらいながらビジネスの経験を積める**ということがあります。

パソコンの使いこなし方、書類の作り方、営業電話のかけ方や受け答えのマナー、仕事上での言葉遣いなどを給料をもらいながら勉強できるというのはとても恵まれたことです。これらの経験のない学生に比べると、起業準備を進めるにあたって大変有利な条件となります。

このような基礎業務の研修は、いざ外部で受けるとなると大変な高額になりますので会社員の間にしっかり身に付けておくといいでしょう。

また、**会社の看板のおかげで、通常なら会うのが難しい方とも会うことができます。**

ここで作った経営者層との人間関係は、起業後も続く場合があります。関係者への根回しなんていう発想も、会社員ならではのビジネスの知恵の一つです。

最近は、学生起業家も増えています。中には大成功を収めている人もいますが、できれば**起業する前に一度は会社員になったほうがいい**と私は感じています。

それくらい、会社員経験が起業後に役に立つことが多いからです。

起業の相談に来る学生や主婦の中には、社会人としての基本的なことやビジネスのいろはが分かっていない人もいます。

相談に来ているのに、そしてこちらの方が明らかに年長者なのに、いわゆる「ため口」で話す若者、料理が上手だというだけですぐにでもカフェを開いて起業できると思い込んでいる主婦など、あまりに世間知らずでどこから教えればいいのかと頭を抱えてしまうこともあります。

会社員の間に、最低限のパソコンスキル、コミュニケーションスキル、社会人としてのマナーや礼儀は身に付けてください。

これらの能力はポータブルスキルと呼ばれるもので、**持ち運びができる能力**です。

どんな仕事においても必ず必要になります。正社員でなくても構いません。派遣社員でも、パートでも、アルバイトでも。

組織の中で、一度は怒られたことがある。

全く新しいことを一から覚えたことがある。そういう経験が大切です。

最近は、なんでもスマートフォンで用が足りてしまうのでパソコンはあまり使っていないという人も多いのですが、ビジネスでは必要になることが多いのでワード、エクセル、パワーポイントもしっかりマスターしておきましょう。

会社の中で鍛えられることによって、知らず知らずのうちに特定の業務の専門性が高まることもあります。専門的な知識や経験は、起業にももちろんとても役に立ちます。

会社員時代の経験を活かして起業した例では、Nさんをご紹介しましょう。

彼は大手自動車メーカーのマーケティング部に長く勤務していたので、どんなふうに商品を魅力的に見せるかということに関して素晴らしい能力を身に付けていました。

マーケティングの仕事自体もとても好きだったので、もともとは会社を辞めるつもりはなかったのですが家庭の事情で出身地の田舎に帰ることになりました。

都会暮らしの後に久しぶりに眺めた地元が、あまりにもさびれていて過疎化も進んでいたことにショックを受けたNさんは「よし！　この過疎地をマーケティングして魅力アップさせよう」と考えたのです。

会社員時代に培ったマーケティング能力がここでおおいに役に立ちます。地元に古くから伝わる「かるた」に注目した彼は、これが故郷への愛着や郷愁を誘うきっかけになると確信します。大きなかるた大会のイベントを企画したところ、狙い通り全国に散らばった県の出身者がこぞって集まってきて、大人気イベントとなりました。今では県から大きな信頼を得て、タッグを組んでますます張り切って地元を盛り上げています。

現在、自分の望まない部署に配属されている人も、スキルアップのチャンスと割り切ってそこで得られる経験を積み重ねておいてください。起業後に、必ずそれが役に立つ時がやってきます。

まとめ

会社の仕事はすべてスキルアップにつながる

起業を妨げるネガティブワードに耳をかさない

■会社の仲間にアドバイスを求めてはいけない

会社員を続けながら起業することは、ここまでに紹介したように多くのメリットがありますが、一方でこんな心配もあります。

それは、**会社員感覚から抜け出せない**ということです。

ほとんどの会社員は組織の一員として働いた経験しか持っていません。会社は基本的には分業のスタイルをとっているので、一人の社員がゼロから始めて最後まで仕上げるということはめったにありません。

そのような仕事スタイルの中では、ネガティブな人は自分を過小評価して「自分一人では何もできない」と思い込んでしまいます。反対にポジティブな人は過大評価をする傾向にあるので「自分がこの会社をまわしている」くらいに思っているものです。また、社内だけの価値観で勝手に決めつけていて、外からの評価を受け入れないという人も結構な割合で存在しています。

会社というのは、同じ価値観で動いています。会社の中の自分しか知らないと、社内での評価が自分のすべてだと思いがちです。

社内評価が高い人は、自分はどこに行っても何をしても通用すると妙な自信を持ちますし、社内評価が低い人は自分は何もできないと思いこんで新しい世界を探そうともしません。起業を心の中で考えたことがあったとしても、最初の一歩を踏み出すことができずにいます。

そもそも会社員が集まった席で起業の話が盛り上がるはずはありません。

「無理だ」

「難しい」

「絶対うまくいかない」


など、できない方向のアドバイスばかりが集まることになるでしょう。

できないと思いながら探していては、できることが見つかるはずはありません。

このネガティブワードに引き込まれて、挑戦することなくあきらめてしまうということのないように自分を強く持ってください。

できることを探す時には、「必ずできる」「必ず見つかる」と信じて探した方が見つかりやすいものです。

まとめ

心配してくれているわけではないと心を強く持つ

起業とフリーランスは違う

■ビジネスに必要なのは、総務、経理、営業、企画、製造、広報……

幸せな起業には「好きなこと」が欠かせない要素ですが、「好きなこと」だけで起業はできません。

起業準備においても、起業した後も、とにかく好きなことだけをやろうとする人がいます。フラワーアレンジメントの仕事が大好きだから、一日中でも花を扱って過ごしていたいというような発想です。もちろん、そこをゴールに定めることは可能です。将来はアレンジメントだけをして過ごしたい、という目標を立てるのはいいでしょう。

ですが、最初からそういうわけにはいきません。起業というのはビジネスですから一つの会社が行うすべてのことを小さな規模ではありますが同じように行う必要があります。

会社の組織図をご覧になったことがありますか。

トップに社長がいて、その下に部や課があり、それぞれに部長や課長がいます。部や課はたとえば総務、経理、営業、企画、製造、広報などです。これらの役割を全部自分が担うのが起業するということです。

実際には、苦手なものや嫌いなことはどんどん外注することができます。経理は税理士に、営業は代理店に。

が、外注するにはそれなりの経費がかかります。

資金が潤沢にあるのならともかく、そうでない場合は最初のうちは自分でやっていくしかありません。

起業（ビジネス）の業務において意外と忘れ去られがちで、でも非常に重要なのが集客です。先程の例のフラワーアレンジメントの場合でも、ビジネスとして成り立つくらいの人数が教室に来てくれる必要があります。セミナー講師などの場合も同じです。

会場はどのくらいの広さが必要なのか、テキストは何部必要か、受講料はいくらにするのか。それらも集客の人数次第で大きく変わります。

計算を間違えると大赤字にもなりかねません。

マーケティング能力も起業には必要です。

起業したからには、自分でお客さんを見つけてくる必要があるのです。この部分を人に頼ると、結局はどこかの団体のおかかえ講師になって半分会社員のような立場になってしまいます。

仕事が自動的に降りてくるようなフリーランスとしての独立も、私はオススメしません。

というのも、せっかく起業したのに、また誰かの傘下に入ってしまうのでは起業した意味がないからです。

そうならないためには**直接お客様から仕事が入るような仕組みを作ることが大切**です。

好きなことを自らが世の中に発信していくというスタイルです。

「なんだか結局面倒くさいな……」と思われるかもしれませんが、好きなことで起業した場合はそういう意識にはならないものです。やりたくないことも、楽しくなっていきます。

以前相談を受けた例をご紹介しましょう。

旅行が大好きだけど、会社員のままだとなかなか旅行に行けない。会社での仕事は経理で、旅行とは全く関係なくてつまらない。だから起業してもっと旅行ができるようになりたい、と言ってきた女性がいます。

私は、起業で旅行ができるようになるわけでもないので旅行会社などへの転職の方がいいのでは？　と思ったのですが、彼女は結局ユーチューバーになって旅先の動画を配信するというビジネスを選びました。

動画にたくさんの視聴者が集まって広告がクリックされたり、紹介した商品が売れたりすると次の旅行の資金になるという仕組みを作り上げたのです。

そうすると、ビジネスですから入ってきたお金の管理や記録、請求書や領収書の発行などの経理業務が発生します。それらは会社員時代にはつまらなかった業務です。

ですが、「全く苦じゃない」そうです。好きなことでお金が稼げて、それについてくる業務ならやらされている感が全くないのでとても楽しいということでした。

会社員時代にはネガティブな対象だった業務が、好きなことで仕事を始めると

「何のために」「誰のために」が見えるから頑張れるという声は他にもたくさん耳にしています。起業というのは、相手の顔が見える世界。そのことがモチベーションの維持や向上にきっとよい働きかけをしているのでしょう。

まとめ

「好きなこと」ができる「仕組み」を作るのがビジネス

アイデアこそオープンにしてブラッシュアップする

■アイデアを盗まれる心配は99%ない

会社員同士で起業の相談をすることは、あまりオススメしないというお話をしましたが、それが高じて「誰にも絶対に話さずに秘密にしておきたい」という人がいます。

何もかもひとりでやろうとして、一切外注も考えない。

なぜそんなに秘密にしているのか？　と聞くと、

「誰かに話すと、自分のビジネスモデルが盗まれてしまうから」

と言うのだからあきれてしまいます。

残念ながら、99%のアイデアは盗まれるクオリティではありません。

相談相手は選ぶべきですが、どんな人でもいないよりはいた方が絶対にプラスになります。相談を怖がる必要はありません。大切なのは最後の判断を相手にゆだねないということ。それさえ気をつければ、大丈夫です。

誰にも相談したくないという人は、起業に向かない人です。

確かにアイデアをオープンにするというリスクはあるかもしれませんが、そのリスクよりも相談しないことのデメリットの方がはるかに大きいからです。

ひとりで考えているのは、しょせんひとりの頭の中の考えに過ぎません。発想も限られていますし、もしかしたら自分は知らないだけでもうどこかでそのアイデアはとっくに商品化されているということもあります。過去の失敗事例もあるかもしれません。

そのような**貴重な情報をシャットアウト**してしまうと、視野が狭くなってアイデアのブラッシュアップができません。

誰かに話すことで、アイデアは磨かれ、洗練されていきます。人のことを信用できないと、そのチャンスを失ってしまいます。

誰かに話したらアイデアを盗まれてしまうかもしれない、と思い込んでいるのは、おそらく根っこに過去のトラウマがあるからだと思います。素直に心の内を話したことが笑われたり馬鹿にされたりダメ出しを食らったりして傷ついた経験があって、それが心のブロックになっているのでしょう。

STEP1のワークを利用してそのブロックを起業前までに外しておくことは大切な準備のひとつです。

逆に、何でもかんでも「相談します」という人もいます。

よくあるのが、**二言目には「家族に相談します」**と。

これもまた典型的な失敗のパターンです。

配偶者さんがどんなすごい人か知りませんが、誰かに許可をもらわないと何も決められないというのは、起業においては大きなマイナスとなります。

相談はOK、でも、決めるのは自分です。

すぐには難しいという方は、最初はあるラインを決めるといいと思います。たとえばお金のことなら「月に3万円までは自分で判断する。それを超える場合は相談する」というふうに。

相談はどんどんすべきなのですが、相手の意見をあまり深刻に受け止めない方がいいと思います。アイデアの相談にしても、相手がそのお客さんになる可能性のある人ならいいのですがそうじゃない場合はあまり役に立ちません。

起業ということに否定的な人は案外多くて、友達に話して「高い」「売れない」

とか言われてしまってへこみましたなんて嘆いている人もたくさん見てきました。あるいは**適当に「いいね！」「いいね！」と言われるだけ**ということもあります。

起業18フォーラムのセミナーに参加する人たちを見ていても、友達同士で来てなにやら相談し合っている人たちで、その後本気で起業をすると決めた人はこれまで一人もいません。

今の世界で仲良くなった人たちは、当然ですが世界を今のままキープすることを望むので現状が変わらない方を選択するのです。

本気で相談するなら、やはり相手は専門家がいいでしょう。もしくは一歩先を進んでいる先輩。ただし、この場合は成功している先輩なら超ポジティブに、失敗している先輩なら超ネガティブになってしまうかもしれません。

ちなみに、ご夫婦で起業について相談した場合は、かなりの確率で「やめてほしい」と言われるようです。

まとめ

相談はどんどんする。でも決めるのは自分

自分の商品に3割増しの価格をつける勇気

■会社員に根強く残るお金への罪悪感

「好きなことをしてお金をもらうなんて申し訳ない」

こんなふうに考える人がいます。会社員は会社から銀行口座にお金が振り込まれるので、自分の労働が直接お金に変わるという実感がありません。だから、商売相手から直接お金をもらうことに抵抗があるのです。自分の商品に適切な値付けができないという悩みもよく聞きます。

お金に対する感覚は大変不思議なものです。

会社員で月に20万円の給料を「安い、安い！」と文句を言っている人が、自分が一カ月かけて作り出した商品に20万円を払ってもらうことには罪悪感を持ってしまう。

知人の女性も、頼まれて一日がかりで友達の部屋を片付けてあげた時に「お礼を払う」と言われても受け取れなかったと言います。

このような**「お金を受け取ることに対するメンタルブロック」は、起業前に外しておく**必要があります。

私は起業18フォーラムのメンバーさんたちには「自分がこれくらいかなと思った値段の3割増しの値付けをしましょう」と言っています。案外、強気でいった方が商品も素晴らしいものだと思ってもらえますし、自分もそうしようとします。

安いのは自信のなさの表れだと思われてかえって売れなくなってしまうことも実際によくあることです。

自分が作り出した商品が、オリジナルのものであれば相場というものが存在しません。

値段は自由に決めることができます。

商品の価格を決める際の目安として、自分の時給を決めるというやり方もあります。先に、月にどれくらい働いて、いくら稼ぎたいのかを決めてしまうのです。そこから逆算して商品価格を決定します。

ビジネスにするためには利益を生み出す仕組みが必要です。

商品の値付けはそのための最も大切なポイントとなりますので必ず理詰めで数字で考えることが重要です。

まとめ

商品の値付けは強気くらいでいい

努力が必要なら、方向転換する

好きなことは努力なしでできる

起業というとつい張り切って、これまで自分が**苦手としていたことを得意にしようと努力したり、弱みを克服せねば！ と頑張り出したりする人**たちがいます。

起業したら何でも自分でやらないといけないので、すべての領域で合格点を取りたいと思ってしまうのです。

ですが、その必要はありません。どの分野もまんべんなくできる必要はまったくありません。得意なことと不得意なことがあったら、その出っ張っているプラスの方、得意な方を大切に育てます。

誤解を恐れずに言うなら、努力しなくても成功できることを見つけてください　ということです。今はできないけど、頑張ればできそう……。努力すれば成功できる。そういう発想で起業してはいけません。その方向を目指すのは間違いです。

では「好きなこと」を極めるために専門書を60冊読むのは努力じゃないのかと思われるかもしれませんが、好きなことを極めることと努力は違います。

本当に好きなことなら60冊の本を読むのは時間さえかければ苦ではないはずです。もしもそれが苦痛で、努力して読んでいるというのならそれはやめるべきです。

たとえば映画評論家の方は、映画を毎日のように観るわけですが、それが辛い、仕事のために努力していると思っている人はいません。辛いと感じてしまうのなら、そもそもその仕事を選ぶべきではありません。

ここで、非常にユニークな切り口で起業準備を始めたCさんの例をご紹介しましょう。

Cさんは、普段、生活をしていてとにかくクレームばかりが頭に思い浮かんでしまいます。

「どうしてこんなことになっているんだ?」
「もっとこうすればいいのに」

と始終考えてしまうのだそうです。

たとえば、こんなふうです。ある日のランチに、会社近くのセルフサービスの手打ちうどんの店に行ったCさんは、床が油で滑りやすいことに気づきます。実際、目の前で足を滑らせた人も目撃しました。「このまま放っておくと、いつかきっと誰かが転んでけがをする」。そう思ったCさんはこの店を経営する企業の本社宛に手紙を書きました。

ここで注目すべきはその内容です。「床が非常に滑りやすくなっている」ということはもちろん伝えます。ですがそれだけで終わっては単なるクレームに過ぎません。Cさんはさらに「これを解決するためには……」と、床が滑りにくくなるような方法を自分で調べてそれも一緒に伝えるのです。

そしてその後、店側がきちんと対応をしてくれた場合には、その店名や社名も明らかにして自分のブログで発表し、対応の素晴らしさについてもきちんと報告します。そうすれば、店にとっても宣伝となり、その後の集客にも貢献できるはずです。

このような「一日一クレーム」を起業アイデアとしたCさんは、間近に迫った独立・起業の瞬間に向けていまも毎日コツコツとクレームを見つけています。

他にも、女性が好きでたまらなくて、「どうしたら女性にモテるのか」を考え続けて、その結果見つけたノウハウで起業をした男性もいます。会員制のセミナーでは「彼女ができる男になる方法」を伝授していて、会員数はうなぎのぼりです。

結局、どんなことも楽しんでやっている人には勝てないということです。

何かが好きで仕方ない。だからそれを極めるためならどんなことも楽しい。そういう「好きなこと」さえ見つかれば、努力する必要はありません。

もしも今、無理をしている、ずいぶん努力をして頑張っていると思っているとしたら、もう一度それが本当に「好きなこと」なのかどうか確認が必要です。

まとめ

起業は努力しない方向で考える

起業前にやっておくべきリスクマネジメント

不安の正体は知ればコントロールできる

会社員のままで起業する場合のリスクについて、ここでまとめて確認しておきましょう。

リスクと聞くと、誰もが怖がってしまうのですが、**本来リスクというのは全くの想定外のことを指す言葉**です。

つまり、どんなリスクがあるかを自分で把握できれば、それはもうリスクではなく自分の手の中でコントロールできるものに変わります。

リスクを表す指標には強度と頻度があります。つまり、そのリスクはどれくらいの頻度で起こるのか、起こった場合にはどの程度のインパクトがあるのか。その2つの観点から分類することができます。
まずは、今考えられるリスクをこの座標に書きこんでみてください。

例)
時間がかかる
堂々巡りになる
抱え込んで悩んでしまう
すぐに本業を辞めてしまう
好きなことだけで起業してしまう
苦手なことで起業してしまう
風邪をひく
お金がかかる
才能が見つからない
モチベーションが続かない

図2　リスクのマトリックス

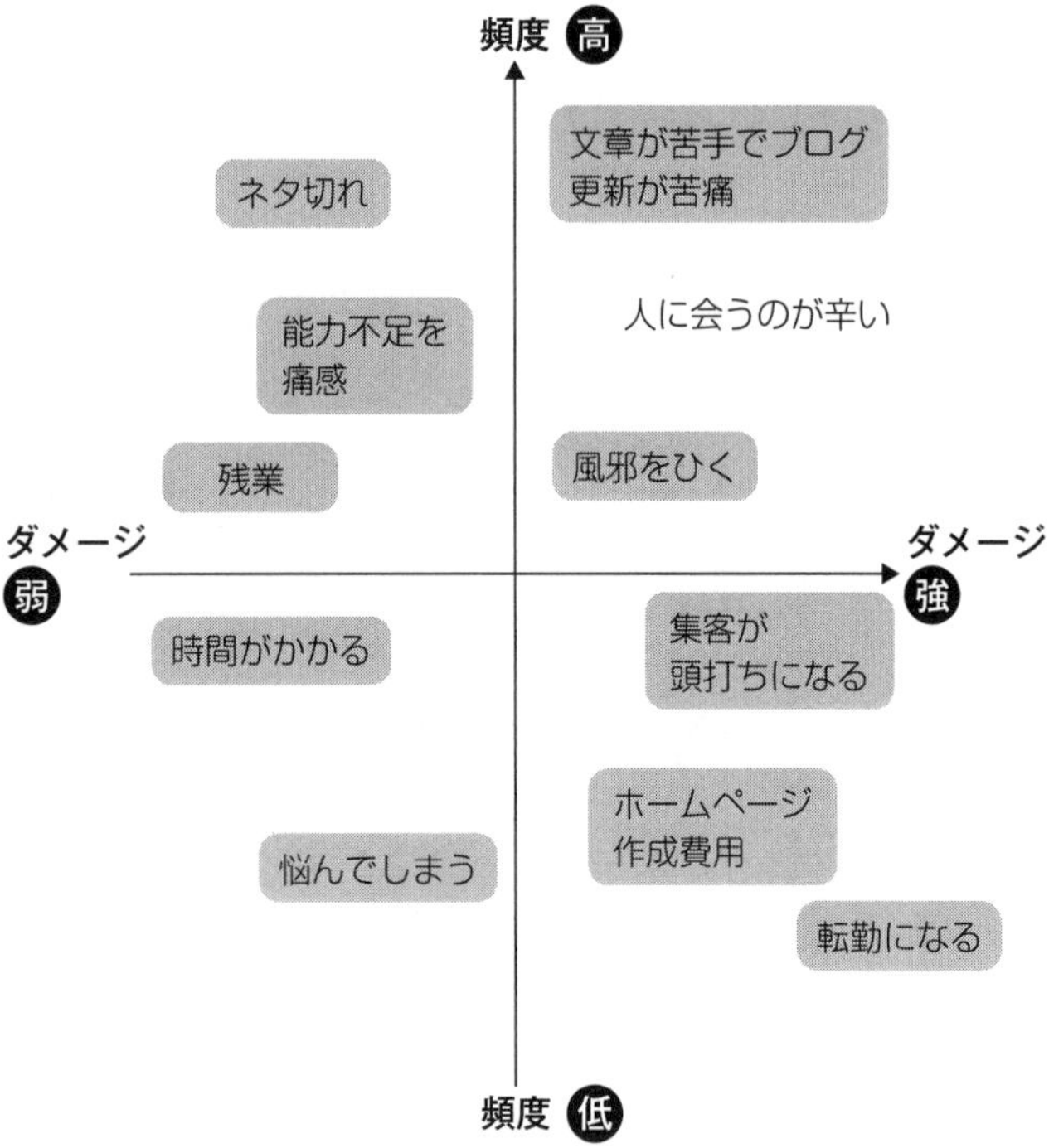

クレームが来る転勤になる

リスクの影響は個人差があります。たとえば5万円という金額が、ある人にとっては「損をしても平気」な金額であり、またある人にとっては「失っては困る」金額であったりします。また状況によってもリスクが与える影響は変わりますので、同じ人であっても定期的に見直すことが大切です。

リスクマネジメントという考え方では、リスクの回避方法を次の6つに分類しています。

①保有

強度も低くて頻度も低いリスクは、保有で対応しましょう。

そのリスクが起こったとしても気にしないと決めておくだけで心がスッキリします。

「まあ、こんなこともあるよね」くらいの気持ちが大切です。

②予防

リスクの発生頻度を低減させる手法の一つです。そのリスクがなるべく起こらないようにできる対策をしておくというイメージです。

③移転

リスクによる損失の強度を下げる手法の一つです。自分が負うことになるかもしれないリスクを**誰かほかの人に肩代わりしてもらう**ということです。

④分散

移転と同じくリスクによる損失の強度を下げる手法です。一つだけではなく、複数の解決手段を考えておくということになります。

⑤補完

予防と同じく、発生頻度を低減させる手法の一つです。もしも起こってしまった時にそれを補えるものを準備しておくということです。備えあれば憂いなし、といった感じでしょうか。

⑥回避
徹底的に避けるということです。マトリックス上で強度も頻度も高いところに書きこまれたリスクに対しては回避の手段を考えておきましょう。

リスクを洗い出して、それぞれについてどう対処するかを考えておくだけでもずいぶん安心できます。

正体が見えないまま、もやもやした思いで怖がっているからリスクになってしまうのです。

正体さえ見えればどう攻めればいいのか、守ればいいのかの対策はとれるはずです。

お化けの正体がススキだった、というのと同じことです。

まとめ

徹底的にリスクを洗い出す

好きなことを「発信」する

STEP 3

自分のメディアを育てる

■起業の9割は発信力

準備が整ったら、いよいよ起業スタートです。自分自身が売りたいと思う商品を会社員として働きながら発信していきます。

まずは準備が整ったかどうかチェックしてみましょう。

- □「好きなこと」が見つかった
- □「好きなこと」に需要がある
- □「好きなこと」を「コレでは私が一番！」と言える強みにまで高めた

3つともにチェックがついたら、準備はOKです。ここからは商品としての価値作りとその売り方についてお話ししていきます。

起業（ビジネス）の基本は、

「商品 × 発信 × 信用」で成り立っています。

このそれぞれにどれくらいのお金や人をかけるかで、事業規模が決まります。

小さく始めるなら、商品は自分の経験からのノウハウで、発信は口コミのみ。

これならほとんどコストはかかりません。逆に大きくやりたいなら、人を雇って商品をたくさん用意して、いろいろなメディアを使って発信していくということになります。

この場合は資金が相当かかるので、借り入れの検討も必要になるでしょう。

小さくやることを選んだ場合の発信手段の一つとして、**SNSがあります。**
無料で使えるので小さく始める起業をするなら、ぜひ試しておきたいツールです。

間違ってはいけないのは、TwitterやInstagramなどのSNSは、自社商品を宣伝する媒体ではないということです。SNSは「#」ハッシュタグ等を通じて共感を広げ、コミュニケーションをするためのツールです。
自分の考えや知っている情報に共感してくれる人とつながり、少しずつ自分の存在を認知してもらいましょう。

この時点では、まだ会社員を続けていてください。発信力もまだまだ育っていません。会社員を続けながら朝と晩少しずつでも、SNSでつながりを育てていきましょう。

朝の30分で情報発信やオンライン上のコミュニケーションをしましょう。

夜の30分で反応やメールのチェックをします。

どのくらいの段階になったら会社員を辞めるのかは、人それぞれです。私のように15年間会社員を続けたという例もありますし、それはそれでメリットもたくさんありました。

ですが、たいていの人は発信がうまくいき始めると会社を辞めたくなってしまいます。それもまあ当然のことでしょう。ただ、目安として、万が一起業（ビジネス）からの収入が0円だったとしても、一年間は不安なく今までどおりの生活ができる程度の貯金ができてからにしてください。

今すぐ会社を辞めて、起業の方に全力を注ぎたいと思う気持ちもよく理解できるのですが、**お金の不安で人は簡単につぶれてしまいます。**

遠回りのように思えても、お金の心配をとりのぞいておくことが、結局は起業を成功させることにつながります。

まとめ

発信力とお金は十分に準備する

家族・友達以外のターゲットを絞る

ビジネスに必須の3つのネット媒体

自分の売りたい商品が、誰になら喜んで買ってもらえるのかを考えます。

この時、家族や友達から始めるのはＯＫなのですが、**彼らは友情や応援で最初は買ってくれるでしょうが、一巡したら終わりです。**

その次には、勇気を出して一般マーケットに向けて商品発信をしていきましょう。

ターゲットは、広く定めなくても大丈夫です。**ニッチな領域を狙う**というのも一つの有効な作戦です。

これも私のクライアントさんの話ですが、自らが会社員時代に「うつ」になった経験とそこから抜け出すことができた経緯を活かして起業した方がいます。なんとなく「毎日が憂うつだな……」と感じていて、もしかしたら「うつ」になってしまうのでは、と心配している人向けに「うつ度が診断できるチェックテスト」というのを作成し、ネット上で公開しています。

ずいぶんニッチなターゲットだけど、悩んでいる人の助けになれば嬉しいなという気持ちで始めたことなのですが、ふたを開けてみると大好評。今では月に13万件のページビューを記録するほどのホームページになりました。そこから個別のカウンセリングの依頼が殺到しています。

インターネットには、ありとあらゆる似たような商品がそろっています。自分で「これが一番だ」と思うなら、そのことを伝える工夫をしなければなりません。他とは違う個性を示し、新しい切り口を提示することが求められています。

発信媒体として、ホームページ、SNS、YouTubeの3つは必須です。さらに余裕があれば、ブログを活用しましょう。SNSは、40代以上を狙うならFacebook、全世代型ではTwitterとInstagramが主流になっています。その他、TikTokや各種ライブ配信、最近はstand.fm、Clubhouseなどの音声配信もブームになっています。

ブログのオススメは、今の時点では「note」です。

比較的アクセスが集まりやすく、有料記事の販売も簡単なのがメリットです。無料版でも十分使えるので、ターゲットを絞った専門性の高い記事を書いて、発信してみましょう。ファンが増えたら、有料マガジンを配信したり、サークル機能を使ってオンラインコミュニティを運営することもできます。

まとめ

ターゲットを絞って発信する

プロフィール写真で美人、イケメン過ぎは禁物

■実名の際は、会社の就業規則は必読

情報発信を始める時は、ビジネス用のキャラクターを設定しましょう。

本名で顔写真も入れるとなると、心のブロックがかかる人もいるので、**私は「ビジネスネーム」をおすすめしています。**

これは偽名ということではありません。ビジネス用の屋号、作家ならペンネーム、芸能人なら芸名のようなものです。

何かを売ろうと思ったら、**ある程度の自己開示は必要です。**

自分の正体を隠したままで、ユーザーに向かって「あなたのクレジットカード

番号を教えてください」というのは無理な話です。

商売をするからには自分についての情報を相手に示す必要があります。とはいえ、なにも自分のすべてをさらけ出す必要はありません。芸能人と同じで、商売に必要な情報だけをオープンにすればいいのです。

また、会社員を続けている人で**会社の規定に副業禁止がある場合は本名を出すことは危険**です。

「こんなブログなんて誰も読まないからバレないだろう」と思っていてもピン**ポイントで名前を探されると、検索に引っかかります。**

今や、知り合った人たちをＳＮＳで検索するというのは当たり前のように行われている行為です。

特定商取引に基づく表示が必要になる場合など、ビジネスネームを使うわけにもいかないという場合には、自分の顔や名前が表に出ないビジネスの仕組みを作るしかありません。それには名前を出せる人（友人や家族、ビジネスパートナー）

と組むという方法があります。
最初の仕組み作りが肝心です（といっても名義貸しはNGなのでご注意ください！）。なんとかなる、といいかげんに考えないで、きちんと取り組むことが重要です。

もう一つ、最近特に気になることがあります。それは「これもひとつのブランディングだから」という理由でプロフィール写真を美しく加工し過ぎる人が多いことです。
最近はプロの写真家に撮ってもらう人も多いようですが、あまりにもきれいに、あるいはカッコよく修正された写真の場合、その写真を見たユーザーが実物に会ってがっかりするということが起こります。

第一印象でいきなりがっかりされてしまうと大きなマイナススタートです。それよりは、

「本物の方がキレイ」

「会ってみたら、案外カッコイイ」

と思わせるくらいの方が断然話しやすくなります。

プロフィール写真は60点からせいぜい70点くらいでちょうどいいとしておきましょう。

そんなところで見栄をはっても仕方ありません。

まとめ

実際に会った時の「想像していたより、いい」を狙う

SNSやブログがないのに名刺を渡すのは最悪

■ネットを整えてからリアルへ

起業（ビジネス）をうまく進めるための車の両輪となるのが「ネット（オンライン）」と「リアル（オフライン）」の発信です。

基本的には並行して進めていきますが、**最初だけはネットを先行させてください。**

ネットでの発信環境を整えてから、リアルで人に会いに行く。この順番が大切です。

逆をやってしまう人が結構多いのです。

まだ何も準備していないままに、名前と電話番号だけの名刺を簡単に作成して「もうすぐビジネスを始めます、よろしく」なんて言って名刺交換しても、**間違いなくその名刺はすぐに捨てられてしまいます。**

特に、起業準備の間はキャッチコピーや肩書などもどんどん変わる可能性があるのでリアルをベースに人脈をつなぎとめるのはとても難しいことなのです。

名刺交換をした、自己紹介をした、その時点でネット上に何らかの情報発信が既にされているというのが理想です。SNSなら、そのままずんなりとつながることができますし、ブログがあれば説明しきれなかったことも読んでもらえる可能性があります。相手に残る印象も、その分強くなります。

このような理由から、**「最初にネット、次にリアル」**と覚えておいてください。

名刺に入れるオフィスの住所は、シェアオフィスなどにすることが多いと思いますが、シェアオフィスの場所の選び方には注意が必要です。

会社員の方は、会社帰りに寄りやすいから、昼休みに使えるからといって会社のすぐ近くの物件を選ぶことが多いのですが、かなりの確率で同じ会社の人とはち合わせすることがあります。誰しも、考えることは同じ。

絶対にばれたくないと思っているなら、この点にもご注意ください。

まとめ

名刺はすぐに捨てられると肝に銘じる

ビジネスネームは思い切ったネーミングを

■“マッコ・デラックス”が秀逸な理由

名刺はビジネスネームで作ることをオススメします。名前を出してもかまわないという人でも、最初はビジネスネーム（芸名）で始めた方がいいと思います。本名だとどうしても萎縮して発信しにくくなるものですし、誰が見ているか分からないので予期せぬ人から余計な反応があって戸惑うことも多くなります。

さらに、本名のままだと他人の応援もしにくくなります。たとえばFacebookで「株式投資セミナー」を告知している友人がいるとします。

自分としては応援してあげたいからシェアも「いいね！」も

したいのですが、本名の場合、そうすることによって自分の知人や友人に「この人は株式投資に興味のある人だ」と思われてしまうことがあります。

実際、私にも会社員の友達がたくさんいるのですが、彼らはFacebookでは友達になってくれません。

起業コミュニティの代表者とつながることで何らかのイメージがついてマイナスが生じることを恐れているからでしょう。

そういう面倒くさい細かい配慮が必要になるくらいなら、最初からビジネス用のキャラをつくって名前もビジネスネームにした方が楽です。

この時のコツは、**少しだけ変えるとかえって偽名の感じが出てしまって怪しい**印象を持たれてしまうので、**思い切って振りきったもの**にしてください。

Twitterなら本名を公開する必要はありません。

下の名前だけをカタカナやローマ字表記にしている方もよく見かけますね。

山田花子なら「ハナコ」または「Ｈａｎａｋｏ」というふうに。

あるいは**マツコ・デラックスみたいな名前の付け方も素晴らしい**と思います。

マツコさんのことを、**「あの人、偽名でしょ？」なんてわざわざ気にする人は一人もいない**でしょう。

中途半端より、いっそ「ウソでしょ⁉」というくらいの名前にした方が、自分自身のブロックも消えます。リアルで会った人から、どうしてこんな名前を使っているのかと聞かれたら、「画数が……」とか「占いで……」と適当に言い訳しておけば大丈夫です。

まとめ

120％ウソと分かる名前をつける方が気楽

リアル営業に欠かせないのは〝お土産〟

■名刺を忘れても、商品チラシを忘れるな

ネットでの発信を始めて、名刺と商品案内ができたらもちろんリアルでの営業活動も大切です。どんどん人に会いに行きましょう。

このときは、**必ず商品チラシを用意していきます。**

ワードやエクセルなどで簡単に作ってしまえばＯＫ。会社員ならではの能力がここでも生きてきます。

誰かの時間をいただいて会いに行く場合には、必ずなんらかの「お土産」が必要。これは、いわゆる手土産のことではありません。

おせんべいやまんじゅうを持っていきなさいといっているのではなく、「会いに来た理由」を明確にしようということです。

実際、よくいるのです。「今日はご挨拶に顔を見せに来ました」とだけ言って堂々と30分も居座るような営業パーソンが。「特に何にも用意してないんですが」と言われても困ってしまいます。

会社員を長くやっている人の中には、「時間に価値を感じていない」人がいます。

時は金なりという感覚が育っていない人は、他人の時間を無駄にしても、何とも思わないのです。

だから平気で「用がなくても会いたい」なんて言ってしまいます。これは、経営者層からは相当嫌われる行為です。くれぐれも注意が必要です。

いきなりチラシを渡して営業するのは気が引けるという人もいるのですが、それは杞憂《きゆう》です。なんらかの材料があった方が相手の反応も聞きだすことができるので、どんな反応であっても仕事としてはプラスになります。

名刺を忘れたふりをして、チラシだけを渡すというテクニックもあります。チラシの方が情報量が多いので、相手次第ではそういう手も使って、自分の商品の発信に努めていきましょう。

まとめ

忙しい相手にチラシだけでも渡せれば大成功

名前を覚えてもらうより、数字とキャラで盛りまくる

1分以内に自分を記憶に焼き付ける

エレベータ・トークというのをご存じでしょうか。エレベータに居合わせている1分程度の間に自分の伝えたいことを簡潔に伝えることをいいます。

もともとは、シリコンバレーの起業家が、投資家に自分のアイデアを売り込むためにエレベータに乗っている時間を利用してそれを伝えたことに由来する言葉です。

これは、起業家ならば、ぜひ身につけたいスキルです。

たとえば異業種交流会で多くの人に会うことができても、**ひとりと話せる**

のはせいぜい1分以内。

その短い時間を使って自分に何ができるのかを伝えられるように普段から練習しておきます。

一番効率がいいのは、**自分自身にキャッチフレーズをつけること**です。何度か使ってみて反応を見ながら改善していきます。キャッチフレーズが決まったら名刺にも書きます。常にそのキャッチフレーズをアピールします。

たとえば、こんな感じです。

「半年で15キロの減量に成功したウエスト57センチの山本です」

「僕と話すだけで、会社員の方が1年後には月に10万円稼げるようになります」

「3年間でベストセラー作家を5人生みだした出版コーディネ

イターです」

名前というのは、実際問題、相手にとってはそんなに重要な情報ではありません。興味もないし、覚えてもメリットなどありません。

ところが、

「半年で15キロ痩せた」

「1年後には月10万円」

「3年間でベストセラー5人」

などと聞くと、興味のある人ならきっと食いついてくるはずです。

名前ばかり連呼するよりも、こういう「何ができる」ということから紹介した方がお互いに手っ取り早いというものです。

数字が入っているのもポイントです。

可能なら短いキャッチフレーズの中に2つ数字を入れるのがオススメです。

他にも、キャッチフレーズの作り方としてオススメなのは、お客さんにしたい人（ターゲット）がもう決まっているなら、その人たちの悩みが何かを考えて、それが解決できるようになるということをアピールするという方法です。

近所に高齢者が多く住んでいて、日用品の買い物に困っているようなら買い物代行というビジネスが成立します。キャッチフレーズは「週に3回、朝の注文で午後5時までに届けます」などとなります。

図3のように、悩みを抱えているお客様がいて、星になりたいと思っている時に自分のサービスを通過すればそうなれますよ、ということを表すようなキャッチフレーズが一番効果的です。

図3

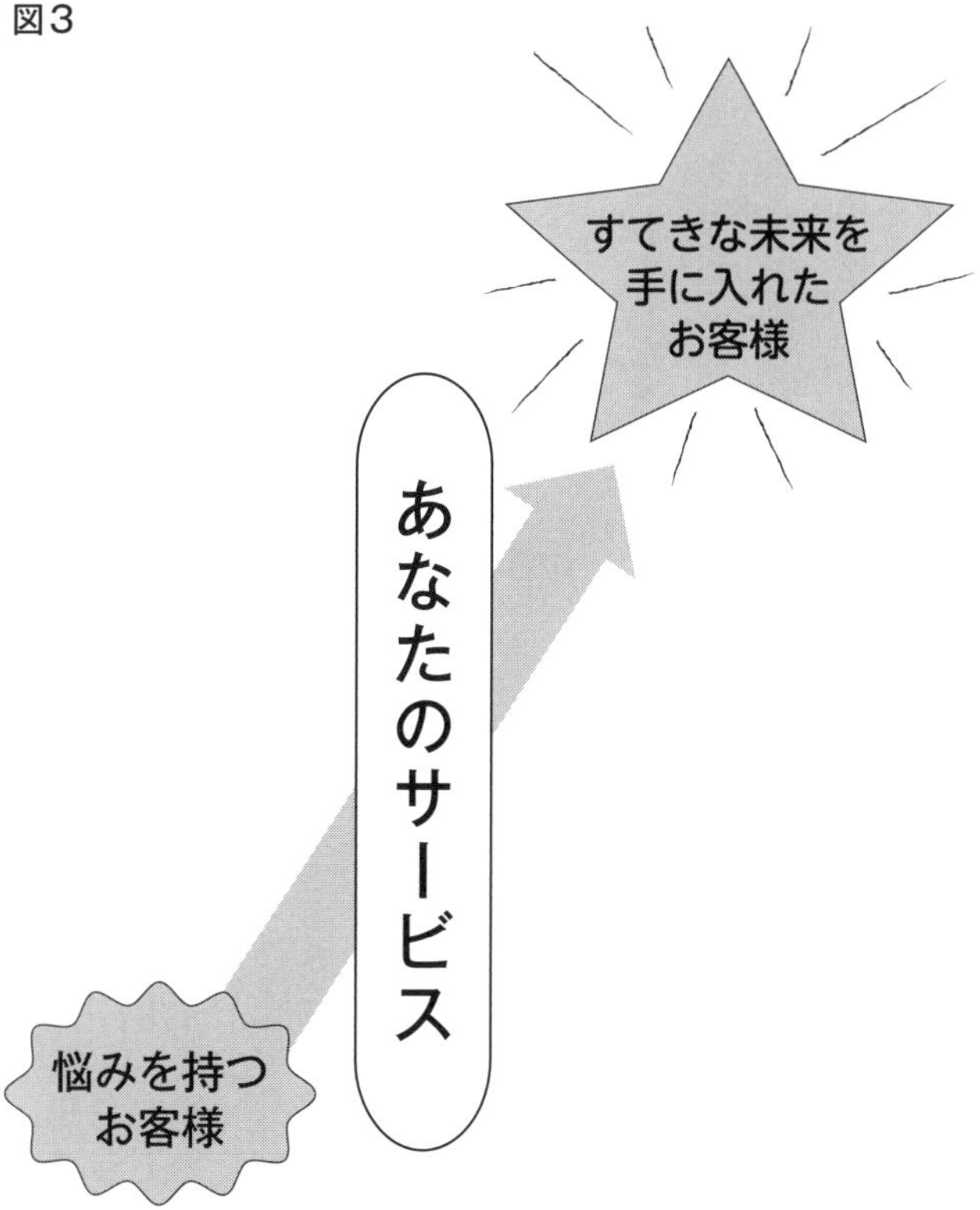

キャッチフレーズはとても効果の高いものなので、周りの反応を見ながらじっくり考えてみてください。決まるまでは何度変えても構いません。お客さんごとに変えるというやり方もあります。

新刊書の帯に描かれたキャッチコピーや、ビジネス書のタイトルはとても参考になります。一流の出版社のプロの編集者たちが本を売るために考えた文句ですから、おおいに真似していい、いやすべきだと思います。

まとめ

どんなこともスゴそうに、恥ずかしげもなく語る

情報発信では自慢をすべてそぎ落とす

ユーザー満足だけに特化する

情報の発信は、常に「誰に向かって」のものであるかを意識する必要があります。これはビジネスの基本中の基本のはずなのですが、そのことを考えずに**自分の書きたいことだけを書いている**ようなブログやSNSの書き込みが実に多いことに驚きます。

たとえば、フラワーアレンジメントの教室を開きたいFさんは、毎日のようにきれいなフラワーアレンジメントの写真をブログでアップしています。技術やセンスを知ってもらうためには大変効果的で素晴らしいことなのですが、文章の方がどうにもこうにもいただけません。たとえばこんなふうです。

〝今日は白を基調に整えたフラワーアレンジメントで、お客様をお迎えしました。料理はカジュアルなイタリアンで手土産にいただいたワインも美味しくて、ついつい飲み過ぎてしまいました。最後は、手作りのオレンジシフォンケーキ。みなさんに喜んでいただけて私も嬉しかったです〟

Ｆさんの意図は、わかります。フラワーアレンジメントのある暮らしがとても素敵だということを伝えたいのでしょう。

ですが、この内容では**単なる自慢**としか感じられません。

文章のテーマも食べ物やワインの方がメインになってしまっています。

もしも、本気でブログを通じて教室の生徒さんを集めたいと思っているなら、文章の中で紹介する情報は

・どんな花を使っているのかを細かく紹介
・その費用
・アレンジの工夫
・なぜこのアレンジを選んだのか
・フラワーアレンジメントがどのようにお客様に喜ばれたか

などになるはずです。

ブログというのは読者が自分から探しに行って読む情報です。

「何かが知りたい」
「何かがしたい」
「どこかへ行きたい」

というのが3大リサーチ需要だと言われていますが、読者は何か知りたいことがあって検索をかけて情報にたどりついているので、その欲求を満たす情報でない限りは見向きもされません。

読者のみなさんも、何か調べ物をしていてキーワードに引っかかってきたリンク先を見て、自分の求めている情報ではなかったら「チェッ」とばかりにすぐに閉じてしまったという経験があるのではありませんか。

検索して何か情報を探している読者は、他人の私生活には興味がありません。

ブログでの私生活自慢というのは、いわゆる**キラキラ女子にありがちで**す。

おしゃれな雰囲気の場所で集まって楽しそうにしている写真が掲載されていて「○○ちゃんと今日も六本木！」といった自慢話が並んでいます。

ある程度有名な人なら、私生活をのぞいてみたいというファンもつきますが、起業（ビジネス）を始めようとする人がそんなことを発信しても何の役にも立ちません。

ただ、同じような自慢でも、読者から共感されるような自慢ならOKです。

前述した例ですが**「太っていてずっと彼氏がいなかったのに、つ**

いに彼ができました！」という自慢なら同じような悩みを持つ人の共感を得て、「その方法を知りたい！」と人が集まるようになるのです。

ブログというのはストック型メディアです。書いた内容がネットの世界に半永久的に残り続けます。いつ検索されてひょいっと読者の目に触れるかは、書いた方には予測できません。

一方SNSは流れていくタイプのメディアなので、それぞれで書く内容を変える必要があります。

お昼ごはんに有名な行列のできるラーメン屋さんでラーメンを食べたという話も、個人のSNSであれば「ラーメン食べた！　おいしかった！」でもいいのですが、ビジネスにこの情報を生かすならば、ブログには、

「どのくらいの行列で待ち時間は○分」

「店の接客はどうだったか」

「ラーメンのメニューや値段」

「スープの特性」
「他店との味の比較」
など、読むに値する情報として記事を書き、SNSで紹介するようにします。

ただしビジネスの内容がラーメンとは関係ないなら、そもそもこの話題を選んでも仕方ありません。ビジネスに関するブログ記事を書き、SNSで拡散させることをきちんとおさえておきましょう。

まとめ
個人の趣味はビジネスブログには必要ない

集客の9割は情報発信で実現する

ダサいHP、安っぽい名刺は安物買いの銭失いに終わる

起業準備に失敗する人の90%は、集客ができないことが原因です。

それができない限りは趣味の範囲を超えられないのでビジネスのステージに上がることができません。

お客様を集める手段として、異業種交流会を利用する人もいますが交流会に集まっているのはみんな「お客さんが欲しい‼」と思っている人ばかりなので、お互いさまということになってしまいます。

自分のお客様も増えるけど、自分も相手のお客様にならざるを得ません。結局収支はプラスマイナス0、気の弱い人ならかえってマイナスになってしまいます。

また、このような交流会での顧客探しは、友達や知人同様、いつかは一巡して終わってしまいます。やはり、広い海原に出て顧客を集めなければ長くビジネスを続けることは不可能です。

集客のためにはインターネットの活用が必要です。

SNSやブログ、YouTubeは無料で始めることができます。

ホームページの制作はプロに頼めば費用がかかりますが、ここは**先行投資だと割り切ってください。**

テンプレートが決まっていて、そこに会社情報を書き込むだけで簡単に自分で作ってしまうのも良いですが、そのタイプのホームページには集客力が全くありませんので、SNSやブログから紹介する必要があります。

SNSやブログには流行り廃りもありますので、中長期の視点で、ホームページ自体の集客力UPにもコツコツ取り組んでいきましょう。

集客力のあるホームページというのは、コンテンツがしっかりと作られているという意味で、**検索された時にきちんと探しだしてもらえることが重要です。**

情報発信をしないと、自分では集客ができなくて、結局は他社に命綱を握られてしまいます。そうなると、トータルで見た時にはかえってコストが高くついてしまうことになります。

ホームページを作る場合は、必ず独自ドメインを使ってください。

他社が持つドメインの中に自分のホームページを作るのはビジネスが確定するまでの仮サイトまでにしておきましょう。そのドメインが万が一廃止されても大丈夫なように、自分でドメインを取得しましょう。

どうしても文章が苦手な人は、YouTubeを使いましょう。ライバルは多いですが、編集にこだわらなければ、短い時間で効率よくたくさんの情報を伝えることができます。

先日見つけたのは、節水シャワーヘッドの比較をしている動画でした。シャワーヘッドのように「使ってみないとそのよさが分からない」ものを売る場合には、YouTubeは大変効果的だと思います。

セミナー講師なら、短めのセミナーを動画で配信するというのもいい試みです。どうしても顔出しができない場合は、パワーポイントで作った資料をムービーとして保存して、それを見せるという方法もあります。これはどんどん活用しましょう。

起業した後は、すべての発信についてマーケティングの意識を持つことが大事です。

名刺やチラシも我流で適当に作ってはいけません。マーケティングを知っている人と相談して作りましょう。

大事なのはデザインではなくマーケティング。デザインにいくら凝っても、それは自己満足に過ぎません（あなたの売り物がデザインなら話は別ですが）。


名刺に入れるキャッチコピーもできればプロに作ってもらいましょう。

さすがにそこまでのお金はかけられないという場合は、**プロの技を盗みましょう。**

成功している人が配っている名刺を研究したり、ベストセラーの本のタイトルや雑誌の見出しなどからヒントを見つけたりしてください。一部だけ言葉を変えて、そのまま借りてきてもOKです。

まとめ
ここ一番のお金のかけどころはマーケティング

好きなことで「起業」して「成功」させる

STEP 4

一度始めたら更新を継続する

■気楽に続けられる方法を見つける

張り切って始めたのはいいけれど、すぐに力尽きてしまうという人が大変多いのですが、最初の半年からできれば一年はあきらめずに精いっぱい頑張ってください。

起業（ビジネス）というのは、商品×発信×信用でその規模が決まると前述しました。商品については、始めた頃とその後でそんなに差がつくことはありませんが、発信については最初はガンガン発信していたのに途中で急にパワーダウンしてしまうことがあります。

「情報の更新をサボってしまう」——これは、**最もやってはいけないこと**です。

SNSやブログ更新をしないでそのまま放置しているのは、それらが存在しない「0」の状態よりもさらにマイナスのイメージを与えてしまうことになります。

放置するくらいなら、抹消してください。

情報発信が億劫になってしまうのは、もともと文章を書くのが苦手だったり、知らない人との絡みが好きではない、などさまざまな理由があるのでしょう。苦手なのに頑張って続けようとするとかえって自分を追い込んでしまい、ある日突然「もう、見るのもいやだ！」となってしまいます。

ブログの場合、記事の完成度にこだわり過ぎて続かないということもあります。間違ったことを書いて叩かれるんじゃないか、こんなことを書いて馬鹿にされるんじゃないかという恐怖心に突然襲われることもあるようです。

真面目な人ほどそうなりがちですが、案外適当で大丈夫です。

まずは細かいことよりも三日に一度、せめて週に一度でも更新することの方を優先してください。

まずは**質より量**です。

よい文章というのは、誰にでも書けるものではありません。書けない人は書けないのです。別に恥ずかしいことでもありません。

時間もあまりかけないようにしましょう。ブログ1本書くのに数時間かけているなんて話をたまに聞きますが、それは時間がもったいない。

朝の30分以内か、あるいは通勤電車の中やお昼休みにスマートフォンから気軽に更新するくらいの気持ちで十分です。自分には他に得意なことがあるわけですから、自分の力はそちらに集中させましょう。どうしても文章が書けない場合、

ブログ執筆は外注もできます。

とはいっても、外注ライターも実にピンキリです。私もクラウド上のビジネスマッチングサイトを利用することがありますが、「ずっとこの人に任せたい！」

と思う人にはいまだに出会えないままです。

当面の策としては、音声で話したいことを録音したり、目次だけ自分で書いたりして、それをライターさんに渡して読みやすい文章にしてもらうのがいいと思います。

発信を始めると、起業（ビジネス）を始めた人の少し疲れた頃を狙って、さまざまな誘惑がやってきます。

「30万円の売上保証！ 自動で売れるシステム」や「集客数を100倍にするテクニック教えます」などのセミナーや無料プレゼントの勧誘メールやメッセージがどんどん入って来るようになるでしょう。

これらに申し込んで、その後に紹介される講座や教材はほとんどの場合かなりの高額です。いい加減な内容のものもたくさんありますので**うっかり飛びつかないようにしてください。**

トントンならまだましな方で、起業18フォーラムにも、過去に騙されてしまった会員さんがたくさんいます。あなた自身が相手の売上に貢献しただけという羽目になってしまいますので、甘い話には注意してください。

最近は、たくさんの起業成功のノウハウやツールがあふれています。SNSに「いいね！」やコメントをつけて回ってくれる自動ツールもあれば、YouTubeの再生数や時間、チャンネル登録者数を水増ししてくれるサービス、誰でも儲かるという広告も無数に表示されます。どんなノウハウやツールにお金を使うのも自由ですが、しっかりと見極めてから出費することが大切です。巧みな文章や煽り動画を繰り返し見せつけられ、良さそうと思ってしまうものですが、高い授業料になることもありますので、十分に調べてから購入しましょう。

起業を成功に導くためのノウハウには、やはり筋が通っていること、いわば哲学が必要だと私は思います。

まとめ

正しい方法で続けていく

走りながら考えればいい

■うまくいかなければマイナーチェンジをすればいい

張り切って起業準備を始めても、**最初の勢いが1カ月以上持つ人は1割もいない**という現実があります。

私としては、最低でも半年は頑張ってもらいたいのですが、ブログやSNSの反応が薄いなどという状況が続くと、**ほとんどの人は心が折れてしまいます。**

それでも私は「とにかく半年は続けてください」とアドバイスしています。継続は力なり。方向性が間違っていたと思ったら潔く方向転換をすることも起業を続けるうえではとても大切なことではありますが、その判断も1カ月では早すぎます。やはり、半年がひとつの目安となるでしょう。

起業18フォーラムの生徒さんの中には、最初はヒット商品が作れず、1年後にようやく最初のお客さんがついたという方もいらっしゃいます。その後、続々と売れるようになり、急成長を遂げました。

こんなふうに半年や1年という期間をじっくり待てるのも**会社員を続けているおかげです。**

ただ、大きなチェンジは半年間待つとしても**マイナーチェンジはどんどんしていってください。**

試行錯誤しながら続けていくことが大切です。商品の内容は変えないけれど、見せ方を変える、ターゲットを変える、キャッチコピーの表現を変える、ブログの文章を変えるなど、いくらでも工夫の余地はあります。

なかなかビジネスが軌道に乗らないと、不安になってつい情報に振り回されてしまうことがあります。

競争相手の発信内容に振り回されて価格競争に陥って安易に値下げをしてしまう。売れている商品のマネをして、せっかくのオリジナリティを捨てて二番煎じのような商品を作る。そんなことをしていると一瞬は良くても長い目で見た場合、結局は失敗に終わります。

大切なのは、「常に自分がルールを作っている」という感覚です。

「好きなこと」を「強み」に高めて自分自身が作りだした唯一無二の商品だという自信を取り戻して、自分自身の価値観で判断する姿勢を忘れないことが重要です。

起業後のスモールビジネスの世界では**「言ったもん勝ち」**くらいの強い気持ちでいきましょう。

競合他社との比較ではなくて、自分のルールで「ここが一番です」と言い切ってしまえばいいのです。

大手と顧客数や売上で勝負しても仕方ありません。それよりも自分の方が勝っている部分、一番だと言い切れるところを前面に押し出すことが大切です。その部分を求めているお客様だけを相手に仕事をするんだ、と割り切ってください。STEP1でもお話ししたように、弱みに見えるものが考え方次第でセールスポイントになります。はったりをかます度胸も時には必要です。

繰り返しになりますが、何でも自分で抱え込まないことも大切です。営業経験がなくて、どうしても販売が辛いなら代理店を探しましょう。顔の広い信頼できる友人や知人がいるなら手数料を払って営業や販売をしてもらうという手もあります。

ネットが苦手なら、コロナ終息後、中小企業や起業家が集まってお互いに情報を交換しているような場所に積極的に顔を出すということもやってみてください。人を呼び込むには、自分自身が活発に動いていることが肝心です。

人もお金も、活発に動いていて、かつ集まっているところにさらにどんどん集まってくるものです。

なかなか反応がないからといって活動を停止してしまったら、そこで終わってしまいます。とにかくいったん外に向かって発信を始めたら、最低でも半年は動き続けると決めてください。

まとめ

まずは半年走ってみたら、自分の走りやすい道を見つけられる！

おわりに
——こういうお金の稼ぎ方もあるんだ！

■楽しくて仕方がない

この本は「好きなこと」という入口からの起業の始め方を会社員や主婦の方にご案内するものです。

私がなぜこのようなテーマの本を書こうと思ったのか、なぜ普段このようなテーマで起業コミュニティを主宰しているのかというのは、はじめにでも少し触れましたが、私自身の個人的経験がルーツとなっています。

大学を卒業後に初めてやった仕事が、当時の私には難しすぎて、苦しくて仕方なかったのです。

こんな気持ちのまま、毎日過ごしていかなければならないのかと思うと心底**ぞっとしました。**

上司や先輩など、周りの人たちはとても親切にしてくれましたが、どうしても仕事が楽しめなかったので、プライベートの時間を充実させようと思いました。

そのひとつとして、自分が人よりちょっと知っていた海外の知識や経験を、それを欲している友人たちに向けて発信したのは「教えるのが好き」という気持ちからのもので、**喜んでもらえることが嬉しかった**のです。

その時点ではビジネスになるという期待は全く持っていませんでした。

ところが、好きで楽しく続けていたことが、やがてお金を稼ぎだすようになりました。

こういうお金の稼ぎ方もあるんだ！

そう気づいた瞬間でもありました。

会社員として給料を増やすのは、自分の努力だけではなかなかかなわないものです。また、会社の給料というものは劇的に上がるものでもありません。年額1万円ずつ上がれば恵まれていると言ってもいいくらいです。

そんな中、すきま時間で始めたビジネスが、数千円、やがては数万円と収入を生み出すようになりました。

それまで給料が低いだの上がらないだの言っていたのが**急にばかばかしくなったものです。**

「なんだ、もっとお金が稼ぎたかったら給料以外で稼げばいいんだ」と。

しかも、好きなことを売り物にしているので全然苦しいことなどありません。

楽しくて仕方ないのです。

こんな喜びをひょっこり手に入れることのできた幸運に感謝しました。

　ところが周りを見渡すと、かつての私のように暗い顔をして「楽しいことなんて何もないよ」「何でテレワークにならないんだよ」という雰囲気で通勤電車に乗っている会社員の方がたくさんいらっしゃいます。新聞やニュースでは年金の減額、老後破産などの問題も目につくようになりました。このままでは日本がダメになってしまう、そんなふうに感じました。

　私のオススメする起業は「好きなことをやれるから楽しい」上に、ちゃんとお金も稼げるビジネスです。これこそが現代の会社員の方が抱える悩みを一気に解決できる方法だと信じています。

「好きなこと」から始める起業は、すべての人が実行可能なものです。

　ぜひ、STEP1から順に始めて一年後の起業スタートを目指してください。

　始めるための動機は、最初はかつての私のように「自分が楽しいから」という理由だけで十分です。

もちろん、最初の一歩を踏み出した後は、予定通りいかないことだらけでしょうし、会社の看板を持たない自分の無力さを味わうこともあると思います。

でも、きっとやがてはあなたにも顧客や社会全体の幸せを願えるようになるでしょう。そしてそれゆえに、さらにあなた自身ももっと幸せになれるはずです。

そんな日が来ることを心から願っています。

最後に、大和書房の長谷川恵子さん、原稿を手伝ってくださった白鳥美子さんに御礼申し上げます。

２０２１年４月　新井　一

おすすめ実務書リスト

大きな書店に行けば、「起業」「独立」といったコーナーがあり、たくさんの起業マニュアルや起業に関連するテーマの本が並んでいます。（本書もおそらくその一冊になるはずです）

どんな本を選ぶのかは人それぞれだと思いますが、ご参考までに私が読んだ本の中から「これは、読んでみるのがオススメ！」という本を以下にご紹介しておきます。

書籍リスト

- 『社長が知らない秘密の仕組み　業種・商品関係なし！絶対に結果が出る「黄金の法則」』
（橋本陽輔・著　ビジネス社）

- 『24時間すべてを自分のために使う　タイムマネジメント大全』
（池田貴将・著　大和書房）

- 『学校じゃ教えてくれない　まとめる技術』
（永山嘉昭・著　大和書房）

本作品は小社より2016年12月に刊行された
『朝晩30分　好きなことで起業する』を再編集して
文庫化したものです。

新井 一（あらい・はじめ）

1973年生まれ。1万人の起業をプロデュースした「起業のプロ」。

会社員のまま始める起業準備塾「起業18フォーラム」主宰のほか、インターネットからの集客術に特化した起業家向けマーケティング支援などを行う。

社会とのかかわり方に問題を抱え、高校・大学と海外のスクールに単身就学。帰国後、日本の企業に就職するも、人嫌いを克服できず、さまざまな失敗を繰り返す。社会になじめず、会社になじめず、自分の居場所を探して15年間会社員をしながら事業を続け、独立後は「起業のプロ」として起業家を育てる。

特徴は「人生を変えたい」と願う会社員はもちろん、自立を目指す主婦からニート、フリーター、落ちこぼれまで、起業とは程遠いと思われがちな人材を一発逆転させてきたこと。

主な著書に『リスクゼロで小さく起業 会社を辞めずに「あと5万円!」稼ぐ』（大和書房）、『会社で働きながら6カ月で起業する 1万人を教えてわかった成功の黄金ルール』（ダイヤモンド社）などがある。

だいわ文庫

朝晩《あさばん》30分《ぷん》 好《す》きなことで起業《きぎょう》する

著者 新井《あらい》 一《はじめ》

二〇二一年五月一五日第一刷発行

発行者 佐藤 靖
発行所 大和《だいわ》書房
東京都文京区関口一―三三―四 〒一一二―〇〇一四
電話 〇三―三二〇三―四五一一

フォーマットデザイン 鈴木成一デザイン室
本文デザイン 髙橋美緒（TwoThree）
編集協力 白鳥美子
本文DTP・図版 朝日メディアインターナショナル
本文印刷 シナノ
カバー印刷 山一印刷
製本 ナショナル製本

ISBN978-4-479-30867-6
乱丁本・落丁本はお取り替えいたします。
http://www.daiwashobo.co.jp